国家社会科学基金重大项目（16ZDA053）阶段性成果

CROSS-BORDER
E-COMMERCE

跨境电子商务
统计评估与监管应用

陆海生 张建国 方 正 刘迪霞 周 烽 /著

浙江工商大学出版社
ZHEJIANG GONGSHANG UNIVERSITY PRESS
·杭州·

图书在版编目(CIP)数据

跨境电子商务统计评估与监管应用 / 陆海生等
著. — 杭州：浙江工商大学出版社，2022.6
ISBN 978-7-5178-3657-5

Ⅰ. ①跨… Ⅱ. ①陆… Ⅲ. ①电子商务－商业统计－
研究－中国②电子商务－监管制度－研究－中国 Ⅳ.
①F724.6

中国版本图书馆 CIP 数据核字(2019)第 286335 号

跨境电子商务统计评估与监管应用

KUAJING DIANZI SHANGWU TONGJI PINGGU YU JIANGUAN YINGYONG

陆海生　张建国　方　正　刘迪霞　周　烽 著

出 品 人	鲍观明
责任编辑	王黎明
封面设计	红羽文化
责任印制	包建辉
出版发行	浙江工商大学出版社
	（杭州市教工路 198 号　邮政编码 310012）
	（E-mail:zjgsupress@163.com）
	（网址:http://www.zjgsupress.com）
	电话:0571－88904980,88831806(传真)
排　　版	杭州朝曦图文设计有限公司
印　　刷	浙江全能工艺美术印刷有限公司
开　　本	710 mm×1000 mm　1/16
印　　张	12
字　　数	201 千
版 印 次	2022 年 6 月第 1 版　2022 年 6 月第 1 次印刷
书　　号	ISBN 978-7-5178-3657-5
定　　价	48.00 元

序　言

　　跨境电子商务(以下简称"跨境电商")是在互联网、大数据、人工智能、区块链等现代通信技术基础上发展起来的国际贸易新业态,一经问世便显示出勃勃生机,成为我国外贸领域的新亮点和新动力。国务院和相关部委高度重视跨境电商,密集出台若干政策鼓励其创新发展。推出专用的海关监管代码,先后批准设立132个跨境电商综试区,已经基本覆盖全国,为跨境电商发展创造良好的生态环境,一大批跨境电商平台和专业运营企业纷纷涌现并不断发展壮大。政府监管方式的创新探索和市场主体商业模式的创新探索交相辉映,谱写了中国跨境电商发展的新乐章。

　　然而,发轫于技术创新,诞生于草根创业的跨境电商,在互联网时代的数字化、融合化、虚拟化变革的驱动下,极易衍生出许多新的商业模式,由于交易主体、交易流向、交易标的、运营方式、监管方式不同,不同机构对跨境电商内涵外延的理解也各不相同,由此产生统计口径不一、数据来源多元、测量方法各异、测算结果千差万别的"数据乱象",缺乏权威的统计数据支撑,无法起到辅助宏观决策、指导业务实践、服务社会的作用。

　　跨境电商统计评估与监管应用这一研究就是在此背景下产生的。研究全面回顾了跨境电商的发展历程,系统梳理了跨境电商的主要运营模式、基本特征,以及不同机构对跨境电商内涵外延的理解,并结合《世界海关组织跨境电商标准框架》对跨境电商特征的总结,提出了跨境电商的两种定义(广义和狭义)。在此基础上,作者提出跨境电商的三类统计——贸易统计、业态统计及业务统计的概念,并提出三类统计应遵循的统计原则和统计指标体系、统计口径、数据来源、统计方法等统计框架。同时,根据实际应用需求,重点研究三类统计评估,即合规评估、质效评估和综合评估。进而,作者运用上述理论和统计评估框架,对跨境电商进出口商品质量安全风险评估、通关时效评估、税收风险评估、企业多维度评估、政策效应评估等多场景应用案例进行实证分析,并根据分析结果提出相应的政策建议。

该研究是对跨境电商统计评估领域创新实践的一次有益探索,具有较强的实务特质和一定的理论价值。尽管理论和实务总结总是落后于实践,但是对现有实践的总结和对未来实践的思考,总是能为我们提供更全面更贴近实际的视角来看待跨境电商统计评估与监管应用的前景,从而也能更好地服务于跨境电商的未来发展。

该研究的主要作者多为从事跨境电商实务的管理和实操人员,他们最清楚在跨境电商统计评估领域最迫切需要解决的问题是什么,也在实践中不断探索如何去解决这些问题。这项研究也是跨境电商研究中理论与实务相结合的一次有益探索,跨境电商实务管理部门和浙江工商大学理论研究团队充分发挥各自优势,取得了预期研究成果。

这里要感谢参与研究的各位作者,他们利用大量业余时间开展研讨,撰写报告,体现了跨境电商实务工作者的责任担当。感谢浙江工商大学苏为华副校长、朱发仓教授、张崇辉教授以及他们的研究生团队,以精湛的专业素养和理论水准为研究提供专业支持。其中,博士研究生张栋才、黄佳艳、陈思超,及硕士研究生王鼎新、徐立理、厉培培参与了初稿撰写。还要感谢各现场海关、跨境电商企业以及相关从业者,为研究提供了大量一手信息。

技术创新不断发展,业态创新紧紧相随,跨境电商统计评估作为支撑跨境电商业态发展的一项基础性工作,其方法和框架也将不断创新。我们将不断深化在这一领域的实践和探索。

C目 录
Contents

导　论

第一节　课题研究的目的与意义

跨境电商是"互联网＋外贸"的典型应用,是现代网络信息技术、商业模式变革与消费需求变化相互作用而形成的新兴外贸业态。金融危机后,世界经济步入深度调整期,我国货物贸易也开始由高速增长转为中高速增长。与此同时,跨境电商却展现出勃勃生机,成为我国外贸领域的新亮点和新动力。据海关统计,2014—2019 年,我国货物进出口值年均增速为 5.6％,而同期跨境电商进出口值年均增速达到 120.0％,约为同期货物贸易增速的21.4 倍①。国家高度重视跨境电商的发展,国务院常务会议多次将跨境电商列为重要研究议题,把支持跨境电商等新业态作为"稳外贸、稳增长、稳就业",鼓励"大众创业万众创新"和促进"进出口稳中提质"的重要举措。2012年国家开始在杭州、上海、宁波、郑州、重庆等城市开展跨境电商试点。2014年海关总署为跨境电商专设监管方式,逐步完善监管措施。2015 年国务院批复同意设立全国首个跨境电子商务综合试验区——中国(杭州)跨境电子商务综合试验区(以下简称"杭州综试区")。

试点设立以来,政府监管部门秉承"包容审慎"的监管理念,坚持在发展中规范,在规范中发展,试点经验被逐步复制推广,综试区范围不断扩大。截至 2020 年 4 月 30 日,全国跨境电子商务综合试验区已达 132 个。2019

---

① 数据来源于海关总署官网 http://www.customs.gov.cn/,文中数据如无特殊说明,均来源于此。

年全国跨境电商进出口值达到 1900.0 亿元,增长 41.1%,业务规模相当于 2014 年的 46.0 倍。新冠肺炎疫情期间,外贸受到较大冲击。2020 年 1—6 月,我国货物进出口值同比下降 3.2%,但同期跨境电商进出口值却逆势增长 28.7%。跨境电商适应了新经济的发展趋势,倒逼国内产业升级,释放市场消费潜力,促进快递等流通业发展,带动创业创新和大量就业。业务规模快速扩大,主体数量不断增多,商品结构愈加丰富,商业模式推陈出新,配套服务渐趋完善,营商环境逐步优化,跨境电商生态圈更趋健康和谐。跨境电商的快速发展,引起各个方面的高度关注,为中国促进新经济发展积累了经验,也为提高中国在国际经贸活动中的影响力和话语权,推动国际经贸规则改革和新规则构建奠定了良好的实践基础。2016 年 G20 杭州峰会通过《二十国集团数字经济发展与合作倡议》,时任阿里巴巴董事局主席马云先生提出 eWTP(世界电子贸易平台)的建设倡议。2016 年 9 月,世界海关组织设立电商工作组,2017 年 12 月通过《卢克索决议》(Luxor Resolution)。2018 年 10 月,世界海关组织通过由中国主导起草的《世界海关组织跨境电商标准框架》(CBECSF),标志着构建跨境电商国际贸易规则迈出了关键而坚实的第一步。2019 年 1 月 25 日,占世界贸易 90% 份额的 76 个 WTO 成员发起"电子商务诸边谈判",旨在制定电子商务/数字贸易领域的国际规则,以适应经济的全球化和数字化发展。

　　跨境电商在快速发展的同时,也对传统的国际经济贸易及其管理体系带来诸多的问题和挑战。集中表现在两个方面:其一是跨境电商引发传统经贸体系的巨大变革,也带来全新挑战。例如:跨境电商不仅突破了传统时空界限,时时处处皆可交易,而且突破了传统的物理边界,拓展到了虚拟空间,实现了全时空不间断交易;打破了传统国际经贸规则,降低了参与国际贸易的准入门槛,方便了中小微企业和消费者直接参与国际经贸活动,参与主体更趋多元,为实现更加公平普惠的国际经贸创造了条件;贸易碎片化、低货值、高频次交易颠覆了传统国际经贸的规模集约经营管理模式,使满足个性化需求、实现定制化生产成为可能,全球供应链、产业链、价值链重构加剧;新技术新需求突破了传统的生产与服务、货物贸易与服务贸易的界限,贸易属性趋向交叉融合;以跨境电商为代表的"网络全球化"时代正在到来,贸易自由化与便利化迫切需要重构国际经贸新规则,各行各业、政府管理和全球经贸治理体系面临重大调整。其二是对跨境电商发展及其影响难以测度,即使有数据也是千差万别,如关于跨境电商规模统计,不同机构的统计数据甚至相差数十倍。其根源在于对跨境电商的理解各不相同,至今没有统一的被普遍接受的跨境电商定义,也没有建立起一套完善的跨境电商统计体系。基于互联网的数字化、融合化和虚拟化等特点,跨境电商衍生出许多新商业模式,根据交易主体、交易流向、交易标的、运营方式、监管方式的不同可以有多种分类,从而使跨境电商在概念上存在广义与狭义之区别。不同机构对跨境电商的理解角度不同,导致统计口径不一,数据来源多元,测量方法各异,测算结果千差万别,缺乏权威的统计数据支撑,导致无法精准辅助宏观决策、指导业务管理、服务社会。

因此,只有准确把握好跨境电商内涵的和外延,才能明确跨境电商的统计范围、统计口径、数据来源和统计方法;只有建立起完善的跨境电商统计体系,才能保障及时、完整、准确地开展对跨境电商的统计,为分析评估和监测预警提供支撑。唯有如此,才能从根本上消除当前跨境电商的"数据乱象",掌握业务发展的真实情况,真正起到为宏观决策服务,为业务管理服务,为社会发展服务的作用。

此外,伴随着跨境电商的快速发展,跨境商品质量安全风险以及利用政策优势偷税漏税等各种行业乱象开始显现,跨境电商走过了"在发展中规范"的阶段,监管部门需要顺势而为,从质量安全、税收风险、企业评估、政策效应以及通关便利度等多个角度对行业发展的整体状况进行合规性、质效性及综合性等评估,为后续的政策制定及监管应用提供科学依据,更好地实现跨境电商"在规范中发展"。但是跨境电商不同于传统外贸,难以通过现有的统计评估体系科学准确地测量其发展的实际规模和应用成效,因而也难以辅助主管部门实施有效监管和高效运作,更难以辅助宏观决策。因此,建立适应跨境电商业务发展特点的统计评估体系,对促进我国跨境电商产业发展,乃至促进我国外贸和经济发展方式转型具有重大意义。

第二节 课题研究的思路与方法

一、课题研究思路

本课题研究基于我国对跨境电商监管、评估的实践，是一项具有开创性的理论与实证研究。课题的总体研究思路是：从跨境电商的交易主体、交易客体和交易载体的角度出发，对跨境电商的两种定义（广义和狭义）进行梳理，在此基础上提出跨境电商的三类统计——贸易统计、业态统计及业务统计的概念，并提出三类统计应遵循的统计原则和统计指标体系、统计口径、数据来源、统计方法等统计框架，为开展多维的统计评估创造条件，为监测预警提供量化工具。同时，根据实际应用需求，重点研究三类评估——合规评估、质效评估和综合评估，并结合多场景应用案例进行实证分析。在此基础上，发现目前跨境电商统计体系存在的不足，以及跨境电商发展中的经验和问题，并提出需要进一步改进完善的建议。

二、课题研究方法

课题研究以问题为导向，围绕"发现问题—分析原因—提出解决方案—实证研究验证解决方案—发现不足、提出对策或研究展望"的过程展开研究。研究方法包括文献（资料）分析法、比较分析法、实地调研法与归纳演绎法、实证分析法，重点以实证分析法为主。

文献（资料）分析法。主要通过知网、维普、万方等中文期刊数据库，商务部研究中心、工信部信息通信研究院等官方研究机构网站，阿里研究院、腾讯研究院、网经社中国电子商务研究中心等社会研究机构网站，以及基于世界贸易组织、世界海关组织、我国国务院及各部门、各地方已出台的政策措施等文献资料，对现有跨境电商的实践经验和研究成果进行较为系统、全面的梳理，从中汲取真知灼见。重点剖析了跨境电商的产生背景、发展历程、业务现状及未来趋势。查阅了与跨境电商有关的历次国务院常务会议讨论内容中提出的鼓励支持政策与指导意见，国家发改委、财政部、商务部、海关总署、国税总局等国家各部委颁布的与跨境电商相关的政策及规范性文件。对历次政策、文件的出台背景、主要内容和作用进行了梳理分析。同时,还搜集了国际组织及国外学者对跨境电商的相关资料和研究成果,以及国外电子商务发展现状和相关法规等内容。

比较分析法。通过比较能够从不同视角更加全面、深刻地理解跨境电商,可以更好地洞察未来趋势、对标国际先进,从而在研究中更好地体现前瞻性、国际性,更好地把握跨境电商统计评估体系的建构模式、路径和应用方向。实际上,课题研究中分别从国际、国内,宏观、微观,官方、社会,过去、现在、将来等不同层面、不同视角,审视了关于跨境电商的理论研究和实践总结,从中归纳提炼了关于跨境电商定义的不同阐述和共性要素。课题研究以国际组织关于跨境电商的相关表述作为参照,尤其以《世界海关组织跨境电商标准框架》中关于跨境电商的四个要素作为重要依据,在内涵和外延上采取了开放式表述。在综试区对跨境电商发展作用的研究中也采用了样本比较分析方法,以便通过不同综试区的不同表现,发现问题。

实地调研法与归纳演绎法。课题组通过对综试区、跨境电商平台、企业、物流和支付等服务商,以及消费者、监管部门等实地走访调研,在掌握大量第一手数据和信息资料的基础上,对跨境电商及其统计、评估与监管应用的需求进行梳理,结合跨境电商的产生背景、发展历程、业务规模、发展现状及趋势,跨境电商的主要商业模式,以及国际组织、国内机构对跨境电商的不同表述,采取归纳演绎方法,提出了跨境电商概念的两种定义,即狭义跨境电商和广义跨境电商。在此基础上,提出构建跨境电商统计制度的基本思路,包括统计范围、指标体系、统计方法、统计发布,并进一步提出跨境电商三类统计(即贸易统计、业态统计、业务统计)和三类评估(即合规评估、质效评估和综合评估)的相关概念和方法,以及多种应用。

实证分析法。实证分析是本课题最重要的研究方法。主要目的是基于商务部、国家统计局、海关总署等官方公开数据资料,以及其他社会机构公开资料,构建实施跨境电商三类评估(合规评估、质效评估和综合评估)的统计评估体系,并进行验证,从而发现将统计评估体系应用于管理实践的可行性和有效性。课题研究将三类评估根据实际应用场景具体化为跨境电商企业多维度评估(综合评估)、跨境电商商品质量安全风险评估(质效评估)、跨境电商通关时效评估(质效评估)、跨境电商税收风险监测及税收动态评估(合规评估)、跨境电商政策效应评估(质效评估)等 5 类典型评估与应用。并分别利用层次分析法、物元分析法、风险矩阵法、故障树分析法、主成分分析法、案例分析法、回归分析法等手段建立相应的评估模型。然后将采集到的政府及社会数据一并导入，根据测算结果进行验证，得出评估结论，并依据评估结论提出相应政策建议。

三、课题研究框架

根据上述课题研究思路，确定研究的总体框架，如图1所示。

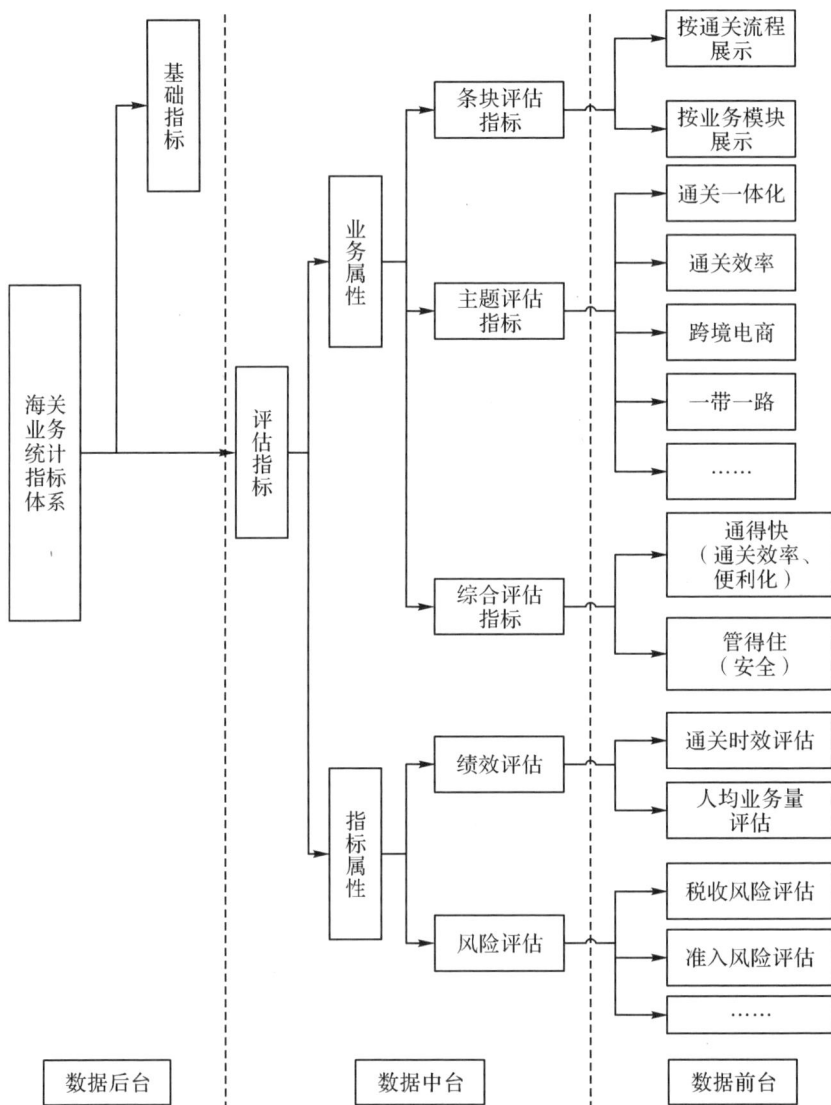

图 0-1　跨境电商统计评估研究框架图

海关跨境电商统计评估体系总体分为三部分：数据后台、数据中台和数据前台。

（一）数据后台

数据后台主要采集跨境电商统计基础指标，是跨境电商统计评估体系的底层数据资源。数据主要来自监管部门的行政记录和统计调查的第一手资料（内部资料用于底层运算，不对外提供，仅输出评估结果）。在原有监管部门业务指标体系基础上进行扩展、构建和删除不适用的业务指标，形成新的更加完善的、适应业务发展要求的业务基础指标体系，并尽可能地使数据颗粒度更细，为条块评估指标、主题评估指标、综合评估指标等做好基础数据准备。课题研究按照狭义和广义跨境电商定义建立三类指标。基础指标的对应关系分别是：

跨境电商贸易统计指标包含关别、收发货人、贸易方式、运输方式、启抵国（地区）、毛重、商品编码、原终国（地区）、法定计量单位、法定数量、第二计量单位、第二数量、总价等指标。

跨境电商业态全口径统计指标包含金额、物流渠道、国别、主要商品类别等指标。

跨境电商业务统计指标包含平台清单数、平台报关单数、平台货值和平台征收税款等指标。

（二）数据中台

评估指标用于反映业务工作的绩效、风险及趋势变化，数据主要来自政府及社会各类数据的集成和挖掘，包括监管部门业务基础指标数据、其他有关数据和外部相关数据。根据"数据＋研究"的需求导向、问题导向，结合各部门、各级领导和社会关注重点，确立评估内容和目标要求，建立评估指标，梳理指标间的逻辑关系、关联关系，形成完整的评估指标体系，尽可能体现评估指标的针对性、合理性、有效性。按照业务属性和指标属性分为两类，其中：

（1）业务属性。可根据需求细分为条块评估指标、主题评估指标、综合评估指标。

条块评估指标可根据业务流程或业务模块进行分项评估。例如：按照事前、事中、事后的业务流程可对跨境电商企业信用管理、跨境电商安全准入风险防控、跨境电商企业稽核查等业务开展评估；按照各类业务模块对跨境电商涉及关税、卫生、动植物、商品、食品安全、知识产权等业务开展评估。

主题评估指标可根据专题评估项目，确定评估业务内容和指标，选取基础指标中能反映该主题的整体情况，又能突出重点，深入分析该主题的核心内容。例如：对跨境电商政策效应，重点业务领域现状，风险和执法效能等开展评估。主题评估项目可根据需要进行临时性评估或长期性跟踪评估。

综合评估指标主要反映业务管理水平，指标评价目标主要是体现通得快和管得住，需要选择合适的指标，并对指标间的相互关系进行梳理和综合考虑，能合理地反映海关的业务和执法状况。

为了科学地评价各单位的工作量和执法效能，要设置合理的权重。以海关为例，全国海关可以按照业务类型设置不同的指标权重。口岸海关重点关注入境前的安全准入风险，加强事前和国门风险管控，加大通关效率权重；内陆海关重点关注后续风险管控，加大综合绩效类指标权重。风险类指标权重关注重点各有侧重。综合绩效类反映量的变化，大多是绝对指标，也可以按照人均的量进行设置，或是按照投入产出的思路，从平台建设经费和产生绩效的相对指标来评价，并和口岸类型进行关联。风险类指标基本属于相对指标，对权重的设置可根据评价重点和口岸特点进行。

（2）指标属性。指标属性可分为绩效评估、风险评估两大类。绩效评估主要反映业务量及其增减变化快慢，以及结合一定管理资源投入条件下的管理绩效；风险评估主要揭示业务中存在的"执法""管理"风险。

（三）数据前台

数据前台用于向各级用户展示各类指标模型的应用结果，也就是跨境电商统计评估的各类具体应用场景。课题研究选择质效、合规、综合三类评估，分别就跨境电商商品质量安全评估、通关时效评估、税收风险评估、企业多维度评估和跨境电商政策效应评估等场景进行实例研究。

第三节　课题研究的主要创新成果

一、跨境电商的内涵、外延及统计

课题研究厘清了跨境电商的内涵与外延,明确了开展跨境电商统计的范围、口径和方法。

根据跨境电商"交易三体"(即交易主体、交易客体、交易载体)的不同,结合《世界海关组织跨境电商标准框架》中提出的跨境电商交易"四要素"(即分属不同关境的交易主体、跨境移动的有形货物、互联网等电子交易平台达成交易、指向消费者),分别从狭义和广义的角度提出对跨境电商概念的原则把握和准确界定。对狭义跨境电商的理解应重点把握以下几点:交易主体限于跨境 B2C 或 C2C,可以拓展到 B2B2C;交易客体为有形商品,并且须跨境运输、交付;交易载体为经认证的跨境电商平台,并且须网上达成订单;主体、客体、载体应同时满足上述跨境三方面条件(并满足主管部门的备案标准、监管标准、联网标准和数据格式标准,纳入海关专设的监管方式)。在狭义跨境电商基础上,广义跨境电商对"交易三体"条件明显放宽,内涵和外延更加宽泛,如交易主体可以包括 B2B,交易客体可以是无形产品或服务,交易载体除了电商平台,还可以是其他电子平台,"交易三体"中只要有一体跨境即可,交易方式也可以更加多样,等等。

课题研究根据海关目前对跨境电商的监管实务以及海关对跨境电商纳统的新要求,首先明确了狭义跨境电商的统计范围、指标体系和统计方法。并从跨境电商业务全覆盖的角度提出开展业态统计的概念,进而分析了跨境电商业态全口径统计的范围、统计方法、统计指标和统计资料。从而明确了跨境电商开展的三类统计概念,分别是贸易统计、业态统计和业务统计。

二、跨境电商统计评估的逻辑框架

课题研究提出了跨境电商统计评估与监管应用研究的整体逻辑框架。

根据跨境电商三类统计的划分,其业务范畴分别如下:贸易统计是传统的海关国际贸易统计范畴,从实际监管角度,用于测量经过海关跨境电商管理系统申报的跨境电商进出口数据,覆盖了单列跨境电商监管代码下货物和物品,以及其他物流渠道的跨境电商货物和物品,反映跨境电商进出口贸易规模和结构,做到应统尽统。业态统计是从跨境电商行业的角度,覆盖了所有进出口物流渠道的跨境电商货物和物品,包括海外仓货物;同时采用基于政府行政记录超级汇总统计和统计调查相结合的方法进行统计测算,用于全面客观反映跨境电商业态的整体发展规模和水平。业务统计是从监管部门对跨境电商管理的角度,以更具针对性的方法和手段对跨境电商进行统计,用于反映监管部门对跨境电商的管理过程和管理结果,便于监测分析管理成效。

课题研究在此基础上进一步提出开展三类评估的方案。一是合规性评估。对监管部门而言,主要评估其作业行为是否存在执法或管理风险。对企业或个人而言,主要评估其跨境交易行为是否合规,是否存在违法违规的风险。二是质效类评估。主要对评估对象在管理、执行方面的效率、效能开展评估。三是综合类评估。主要通过对管理对象多维度的分析评估,提出综合性的评估结论。

三、跨境电商统计评估的应用场景

课题研究对跨境电商在合规、质效、综合等三类评估中的具体应用场景进行实证分析。

课题研究沿着上述思路,分别对三类评估在跨境电商监管应用场景中的应用展开分析,并针对跨境电商企业多维度评估、跨境电商商品质量安全风险评估、跨境电商通关时效评估、跨境电商税收风险监测及税收动态评估、跨境电商政策效应评估等五类典型应用,分别提出评估模型的构建思路与评估方法。其中:

将跨境电商企业多维度评估作为综合评估的应用场景,课题研究提出多维度评估的相关概念、理论建构、指标体系,以及企业多维度评估和精准画像的模型,并进行实证分析。

将跨境电商商品质量安全风险评估作为合规评估的应用场景,课题研究采用案例分析法,对跨境商品质量安全现状、国内外商品质量安全风险防控的差异进行分析,提出风险防控新体系的构建思路。

将跨境电商通关时效评估作为质效评估的应用场景,课题研究通过对影响跨境电商进出口通关时效的因素进行梳理,列出相应的评估指标体系,通过对跨境电商和一般贸易进出口在各环节的耗时进行对比分析,得出相应的评估结论。

　　将跨境电商税收风险监测及税收动态评估作为合规评估的应用场景，课题研究首先确定决定跨境电商税收水平的要素，进而梳理了跨境电商税收风险的表现形式，并在此基础上提出跨境电商税收风险监测体系的框架，包括构建跨境电商监管大数据库、明确税收主体责任、建立跨境电商模式监测指标体系。另外，采用案例分析的方法解释了跨境电商风险监测的应用途径和方式。

　　将跨境电商政策效应评估作为质效评估的应用场景，课题研究从跨境电商综试区试点规模、跨境电商税收政策（进口与出口）与我国增值税改革、跨境电商进口清单变化等视角开展政策效应评估。评估时，根据不同政策所规范和调整内容的差异，选择不同的指标进行回归分析，从而得出政策效应的评估结论。

1

第一章 跨境电商概述

　　互联网正在引发国际贸易领域的重大变革。跨境电商是互联网、云服务、大数据、人工智能等新一代信息技术所催生的新型贸易业态，是一种高度信息化、智能化、全球化、线上线下一体化的贸易方式，是"互联网＋外贸"的典型应用。正确认识和把握跨境电商的范畴、特点和发展规律，科学界定跨境电商的统计口径，准确监测评估跨境电商发展变化，对促进我国外贸发展方式转型升级，推动高水平开放和高质量发展具有重大意义。

第一节　跨境电商的发展背景与主要历程

一、跨境电商的发展背景

（一）跨境电商是应用互联网等新技术引发国际经贸变革产生的新事物

　　贸易与科技紧密相连，一方面科技变革使得商品与服务的可贸易性大大增强，从而引致新需求，孕育新市场；另一方面科技发展促进生产方式、物流形式和商业模式不断优化，从大航海时代的地理大发现，到集装箱的大规模应用，再到互联网时代数量激增的小件包裹，这种现象正以前所未有的速度发展。跨境电商伴随着互联网的发展而加速崛起，成为互联网等新技术向外贸领域渗透、融合产生的新事物。当前，全球网民人数已达46.6亿，互联网普及率达 66.5%,并持续保持平稳上升趋势①。不断扩充的网民为跨境电商培育了庞大的市场。云服务、大数据、人工智能、5G、区块链等新技术正在深刻改变着贸易对象、贸易主体和贸易模式。跨境电商适应了产业革命新趋势,已成为充满发展潜力的国际贸易新业态。

(二)跨境电商是应对经济、疫情等危机影响促进国际经贸稳定增长的新动能

金融危机以来,全球经济复苏乏力,贸易增速下降,贸易保护主义抬头,贸易壁垒、经贸摩擦频发,逆全球化浪潮愈演愈烈。近年来,我国也步入经济新常态,受国内劳动力成本上升、国际市场需求低迷等因素影响,同时还面临着环境、资源约束更紧,土地成本不断攀升的压力。特别是 2020 年第 1 季度,新冠肺炎疫情开始在全球蔓延,对国际经贸往来带来巨大影响。目前我国虽是全球货物贸易第一大国,但贸易增速明显放缓,依靠传统外贸优势生存和发展的进出口企业举步维艰。而跨境电商凭借新技术赋能,在确保安全的同时,有效提升贸易效率和便利化程度,满足了国际市场新需求。据统计,从 2014 年至 2019 年,我国一般贸易货物进出口总额从 14.2 万亿元增至 18.6 万亿元,年均增长 5.6%,而同期跨境电商进出口总额则从 41.3 亿元增至 1900.0 亿元,年均增长 120.0%,增速远远超过一般贸易②。

(三)跨境电商是对接国家改革开放新战略、构建高水平国际经贸平台的新载体

互联网将进一步破除全球统一市场障碍,推动跨国界的商业、科技、信息、资源等要素的自由流动。跨境电商是"全球化+互联网"的时代产物,电商平台是在世界市场范围内配置资源的重要载体。近年来,随着改革开放的深入推进,中国先后提出"一带一路"倡议和扩大开放战略,推动我国高水平开放,高质量发展。"数字丝路"是"一带一路"建设的重要组成部分,跨境电商已成为"一带一路"建设的重要支点,是连接"一带一路"沿线国家和地区之间的重要网络,在促进沿线国家和地区贸易、投资,推动区域间产业分工协作中,具有传统贸易中介无法比拟的优势。在深化改革扩大开放战略背景下,中国持续优化口岸营商环境,不断提高通关便利化水平,降低关税

---

① 《2020 年全球网络概览报告》,http://www.199it.com/archivesl,2010-12-23。

② 数据来源于海关总署官网 http://www.customs.gov.cn/,2020-12-12。

税率和通关制度性成本,为跨境电商发展营造了良好的外部环境。同时,跨境电商的快速发展也促使政府监管体制机制创新,口岸管理水平不断优化,形成相互促进、同频共振的良好生态环境。

(四)跨境电商是推动经济转型升级、培育竞争新优势的新法宝

跨境电商契合了"大众创业、万众创新"的要求,丰富了产品和服务供给,扩大就业,完善市场结构,优化流通环节,节省了交易成本,提高了供应链效率,助力传统制造业实现"中国智造",培育壮大新经济和竞争新优势,在实现国民经济创新、协调、绿色、开放、共享的发展中发挥越来越重要的作用,使我国成为引领国际经贸规则的先导者。

二、跨境电商的发展历程

20世纪末,易贝(eBay)、阿里巴巴等一批为外贸提供服务的国内外电子商务平台相继成立,主要提供产品展示和信息咨询服务,极少涉及实际物流及商品交易。2008年全球金融危机后国际市场需求萎缩,以大宗散货和集装箱运输为主要特征的传统大额贸易增长缓慢,以小额跨境交易为代表的国际电子商务及相关物流服务却异军突起,跨境电商应运而生。从其产生背景、运营模式、产业生态体系以及法治规范综合考量,可以分为以下四个阶段。

(一)跨境电商萌芽起步阶段(跨境电商1.0版,2000—2011年)

我国跨境电商源于海淘、海代等模式①。在个人消费需求升级,国内消费品质量安全危机,以及双币卡使用等诸多因素的影响下,跨境电商市场逐渐发展起来。2007年之前,随着海外留学、旅游、务工群体的剧增,第一批个人代购兴起,这个阶段主要表现为熟人推荐或社交平台撮合的海代模式。随着互联网技术的不断发展和生活水平的提高,国内消费者的网购选择开始从境内延伸至境外,种类也从母婴商品逐渐扩大至日用百货、服装箱包、化妆品、奢侈品等;国际买家也可通过各类平台订购国内商品,主要为各类终端消费品。跨境电商处于萌芽起步阶段,主要标志有:直接面向消费者的

---

① 海淘是指个人在国外的网站上购买物品,注册下单付款,一般通过邮政包裹或快递形式送货上门的商业模式;海代是指个人通过出境人员帮忙购买其所选中的海外商品,支付一定的代购费用由其随身携带入境的商业模式。

跨境电商专业平台成立,如亚马逊(Amazon)、易贝(eBay)、淘宝"全球购"、敦煌网等,便于消费者直接参与跨境交易;通过 PayPal、支付宝等第三方支付平台便捷实现跨境支付;通过邮政物流、联邦快递、DHL、顺丰等物流体系顺利完成跨境"点对点交付"。

跨境电商萌芽起步时期的发展为未来奠定了良好的市场基础,但这种全新交易模式突破了建立在传统外贸基础上的监管体系。因此,这一时期的跨境电商业务游走于国家监管的灰色地带,实际交易难以监测,交易额无法统计,商品质量安全存在较大隐患。2010 年 8 月,海关总署出台《海关总署关于进境旅客所携行李物品验放标准有关事宜的公告》(海关总署 2010 年 54 号公告),进一步规范进出境个人邮递物品管理政策,海淘、海代市场受限。

(二)跨境电商试点初级阶段(跨境电商 2.0 版,2012—2015 年)

为适应经济转型升级,支持外贸新业态的发展,国家主动引导跨境电商阳光化行动。2012 年 5 月,国家发改委下发《关于组织开展国家电子商务示范城市电子商务试点专项的通知》(发改办高技〔2012〕1137 号),把跨境电商作为重点试点领域,同年 8 月,国家发改委下发《关于国家电子商务示范城市电子商务试点项目的复函》(发改办高技〔2012〕2219 号)①,批准杭州、上海、宁波、郑州、重庆等 5 个城市成为首批跨境电商试点城市,创新构建对跨境电商的监管服务模式。2013 年 8 月,国务院办公厅转发了商务部等九部委《关于实施支持跨境电子商务零售出口有关政策的意见》,明确支持跨境电商发展的 6 项具体措施,针对检验检疫、通关监管、结汇退税、信用体系等给出明确指导意见。2013 年各试点城市开始陆续开展跨境电商进出口的实单运作。为进一步方便企业通关,规范海关管理,海关总署 2014 年增列跨境电商监管方式代码(9610、1210)②,并于同年 3 月将其正式列入海关统计。2014 年 7 月,海关跨境电商统一版出口通关管理系统上线运行,该系统依托

---

① 详见国家发改委《关于组织开展国家电子商务示范城市电子商务试点专项的通知》(发改办高技〔2012〕1137 号)、《国家发展改革委办公厅关于国家电子商务示范城市电子商务试点项目的复函》(发改办高技〔2012〕2219 号)及 2012 年 12 月国家发改委、海关总署关于中国跨境电子商务服务试点工作部署会的相关内容。

② 详见海关总署公告 2014 年第 12 号(关于增列海关监管方式代码的公告)、海关总署公告 2014 年第 57 号(关于增列海关监管方式代码的公告)。

电子口岸平台,实现与电商、物流、支付企业的高效对接,通过"清单核放、汇总申报"的方式,实现便捷通关和有效监管,便利电商企业办理出口退税、结汇手续,提高通关效率,降低企业成本。

2015年3月,国务院批复同意设立全国首个跨境电商综试区——中国(杭州)跨境电子商务综合试验区,标志着跨境电商试点从单个城市某些方面试点进入到跨境电商生态体系建设全面发展的综合试点阶段。由杭州综试区创新建设的"六体系两平台"框架为全国跨境电商健康发展提供了可复制、可推广的"杭州经验"。同年6月,国务院办公厅印发《关于促进跨境电子商务健康快速发展的指导意见》(国办发〔2015〕46号),国务院常务会议多次研究部署跨境电商发展的相关政策,并先后在杭州、天津、上海等城市设立跨境电商综试区,从优化监管、规范税收、完善支付结算、提供财政金融支持等方面提出具体措施。

这一阶段,跨境电商在一系列"政策红利"的推动下,得到快速发展,呈现爆炸式增长态势。以浙江为例,2015年通过海关跨境电商管理平台实现进出口总额为85.3亿元,同比增长18.6倍,而同期浙江省外贸进出口总额下降1.3%[①]。以天猫国际、网易考拉、京东全球购、云集、聚美优品为代表的跨境电商平台相继上线,以菜鸟网络、顺丰为代表的跨境物流企业先后发展起来,以平台、电商、仓储物流和第三方支付为主体的跨境电商全产业链日臻完善。跨境电商出口以劳动密集型产品为主,进口以消费品为主,进口商品按照个人物品征收行邮税。

(三)跨境电商试点规范发展阶段(跨境电商2.5版,2016—2018年)

跨境电商迅猛发展的同时,由于其固有的碎片化、虚拟化、高频次、低货值等特点,为通关监管、税收征管、安全防控带来较大执法风险,也给传统产业带来巨大冲击。特别是大量跨境电商零售进口通过行邮渠道入境,对一般贸易进口造成一定冲击。为规范对跨境电商行业的监管,引导市场公平有序竞争,2016年4月8日,财政部、海关总署和国家税务总局共同发布施行《关于跨境电子商务零售进口税收政策的通知》(财关税〔2016〕18号),公布《跨境电子商务零售进口商品清单》,对跨境电商零售进口商品采取清单管理制度,明确规定单次交易限值和年度交易限值,对限值以内商品免征关

---

① 数据来源于海关总署官网:http://www.customs.gov.cn/,2016-11-20。

税,进口环节增值税、消费税取消免征额,按法定应纳税额的 70％征收,超过限值部分按照一般贸易货物征税(简称"4·8"新政)。"4·8"新政出台,一方面对明确跨境电商的管理办法,规范税收征管,理顺业务流程,促进新业态健康发展具有积极意义,而且对限额以内进口实行免税或降低税负优惠,既能释放个人消费者的消费活力又能减少国家税收流失,具体税负变化见表 1-1。另一方面,由于政策出台较为仓促,相关配套措施未及时跟进,部分政策和市场实际情况与试点实践相脱节,导致跨境电商产业链短期受到较大影响。以浙江为例,政策出台后全省跨境电商进出口值同比出现连续 3个月的负增长。同时,部分保税进口货物改由"海外直邮"模式入境,行邮渠道走私风险上升。针对实际,主管部门及时调整相关政策,延长政策过渡期,扩大进口商品清单。

表 1-1　"4·8"新政前后跨境电商进口商品税负差异比较[①]

商品品类	应交税率税费		
	新政前 (行邮税)	新政后(跨境电商税)	新政后 (行邮税)
母婴、食品、保健品,居家日用、厨房家清<500 元	10％,<50 元免征,实际为 0	增值税: 17％×70％＝11.9％	15％
母婴、食品、保健品、居家日用、厨房家清≥500 元	10％	增值税: 17％×70％＝11.9％	15％
化妆品(香水、防晒、眼霜、唇膏等彩妆)<100 元	50％,<50 元免征,实际为 0	增值税:17％×70％＝11.9％ 消费税:30％×70％＝21％ 增值税＝(关税税额＋消费税额)×17％ 综合税:约 52％	60％
化妆品(香水、防晒、眼霜、唇膏等彩妆)≥100 元	50％	增值税:17％×70％＝11.9％ 消费税:30％×70％＝21％ 增值税＝(关税税额＋消费税额)×17％ 综合税:约 52％	60％
化妆品(护肤)、个人洗护<100 元	50％,<50 元免征,实际为 0	增值税: 17％×70％＝11.9％	30％

---

① 佘建明:《跨境电子商务零售进口税收新政评析》,《海关与经贸研究》2016 年第 5 期。

续　表

商品品类	应交税率税费		
	新政前 （行邮税）	新政后（跨境电商税）	新政后 （行邮税）
化妆品（护肤）、个 人洗护≥100元	50%	增值税： 17%×70%＝11.9%	30%
轻奢服饰、床品布 艺、电器＜250元	20%，＜50元免征， 实际为0	增值税： 17%×70%＝11.9%	30%
轻奢服饰、床品布 艺、电器≥250元	20%	增值税： 17%×70%＝11.9%	30%

2018 年 11 月,国务院常务会议决定延续并完善跨境电商零售进口政策并扩大适用范围。随后,财政部、海关总署、国家税务总局联合发布《关于完善跨境电子商务零售进口税收政策的通知》(财关税〔2018〕49 号),将个人单次交易限值提高至 5000 元,年度交易限值提高至 26000 元。政策明确将跨境电商进口商品按照个人自用物品监管,清单内商品无须提交首次进口许可证件,检验检疫按照国家相关法律法规的规定执行,直购商品免于验核通关单,网购保税商品“一线”进区按货物验核通关单,“二线”出区则无须验核,使得跨境电商进口更为便捷。同时,政策还明确了跨境电商生态体系各主体的责任边界,按照“政府部门、跨境电商企业、跨境电商平台、境内服务商、消费者各负其责”的原则,提出明确具体的主体责任要求,既要有助于监管和风险防控,又要确保政策红利落实到位。根据政策要求,交易商品应有完整的交易、支付、物流等电子信息,准确及时实现商品溯源,从而确保消费者合法权益得到保障。新政的实施有助于规范行业秩序,维护市场公平,稳定信心和预期,促进新业态健康发展,充分体现了“审慎包容”和“顺势监管”的治理理念。2016 年,跨境电商统一版管理系统在全国上线运行,并启动出口货物“清单核放、汇总申报”通关模式。根据海关总署要求,跨境电商零售出口商品申报前,跨境电商企业或其代理人、物流企业应当分别通过国际贸易“单一窗口”或跨境电商通关服务平台向海关传输交易、收款、物流等电子信息,并对数据真实性承担相应法律责任。

这一阶段,全国跨境电商进口在经历政策变动的短期阵痛后继续保持较快增长,出口业务也在一系列政策利好的推动下持续增长。2016—2018年,全国跨境电商进出口额从 499.6 亿元增至 1346.8 亿元,年均增速高达

64.2%,约为同期全国一般贸易进出口增速的 4.4 倍①,充分展现了跨境电商新业态在外贸转型升级中的强劲动力。

(四)跨境电商普及推广阶段(跨境电商 3.0 版,2019 年至今)

《中华人民共和国电子商务法》(以下简称《电子商务法》)于 2019 年 1 月 1 日正式实施,成为电商行业发展里程碑,标志着跨境电商产业进入有法可依的新阶段。发展跨境电商是推动外贸高质量发展的重要举措,其溢出效应将会辐射和带动一批相关产业的发展。通过综试区在跨境电商的交易、支付、物流、通关、质量安全、风险防控、结汇、退税等方面先行先试,通过机制创新、管理创新、服务创新,有效破解制约跨境电商发展的难题,探索形成适应跨境电商发展的标准化、规范化、科学化治理模式。从综试区的试点成效看,多数综试区都已公布实施方案,在"六体系两平台"的基础上,结合本区域的特色业务,在物流、仓储、通关等方面进一步优化流程、简化审批、完善通关一站式服务、实现信息共享等措施,积极推进审慎、包容、高效的监管服务模式,基本形成一套适应跨境电商产业链特点和生态链需求的管理制度体系和技术支撑体系,为跨境电商成为外贸高质量发展的新引擎和新动能打下坚实基础。尽管受中美经贸摩擦及外部市场复苏乏力等诸多不利影响,但 2019 年全国跨境电商进出口额仍然达到 1900 亿元,同比增长41.1%,增速相当于同期一般货物贸易增速的 7.3 倍。至 2020 年 4 月,全国跨境电商综试区已增至 105 个。2020 年 6 月,海关总署推出跨境电商企业对企业出口监管试点工作,设置监管代码为 9710(适用于跨境电商 B2B 直接出口),9810(适用于跨境电商出口海外仓)②。

跨境电商的快速发展为提高我国在制定国际经贸规则过程中的话语权奠定了良好的实践基础。国际社会也充分认识到跨境电商的快速发展为提高经济竞争力、培育发展新动能、创造贸易新模式、引领消费新趋势、增加就业新岗位所提供的巨大机遇,同时也意识到交易模式变化带来的巨大挑战和影响。2017 年 10 月,中国政府向 WCO(世界海关组织)提交《跨境电子商务标准框架指导原则中国建议书》,同年 12 月向第十一届 WTO(世界贸易组织)部长会议提交《跨境电商标准框架方案》。2018 年 2 月召开首届世界海关跨境电商大会,通过了《北京宣言》,同年 10 月,《世界海关组织跨境电

---

① 数据来源于海关总署官网:http://www.customs.gov.cn/,2019-10-18。

② 这一政策于 2021 年 7 月 1 日在全国复制推广。

商标准框架》发布。尽管该方案属于非约束性质,但迈出了跨境电商国际规则体系建设的第一步,随着规则体系的不断完善和实施,跨境电商必将成为未来全球商务的重要模式之一。

三、跨境电商试点情况评述

目前,跨境电商正处于普及推广向逐步成熟转型的关键时期,总体来看,跨境电商在试点阶段实现了以下转变:

跨境电商试点阶段经历了从混沌失序野蛮生长状态向规范有序健康成长状态的转变。跨境电商的生态体系逐渐得到净化完善,企业、消费者、平台、政府等参与者和利益相关者的权利与义务逐渐明晰,业务规模也从试点初期的爆炸式增长开始步入稳定增长的通道。

跨境电商试点阶段经历了从草根创业的原始社会向群雄逐鹿的战国时代的转变。既有互联网企业天然的"电商基因",又有传统企业的"电商化"转型;既有海淘、海代的阳光化转型,又有创业新人和配套服务商的不断加盟。一批综合类、专业细分类的跨境电商平台,以及配套服务商开始涌现并随着技术、模式创新而不断整合发展。

跨境电商试点阶段经历了从遍地开花大浪淘沙向赢者通吃寡头集聚的转变。试点初期,跨界融合不断,业内业外纷纷试水,跨境电商遍地开花。资源优势迥异,竞争策略层出不穷,从短兵相接、疯狂烧钱等粗放竞争到资源整合、产业集聚、持续创新等综合实力竞争,逐渐形成行业寡头和细分龙头,诞生了许多新生独角兽企业。

跨境电商试点阶段经历了行业快速成长、发展,由点及面的普及过程。试点期间,各地政府大力推进,试点城市你追我赶。目前跨境电商新业态试点已覆盖全国 30 个省区市,扩容至 105 个城市,基本形成陆海内外联动、东西双向互济的新业态发展燎原之势。

第二节　跨境电商的基本模式与发展规模

一、跨境电商的商业模式

目前跨境电商的商业模式根据交易主体、交易流向、交易标的、运营方式、监管方式的不同有多种分类。

（一）根据交易主体的不同，通常将跨境电商分为 B2B（Business-to-Business）、B2C（Business-to-Consumer）和 C2C（Consumer-to-Consumer）三种基本模式

B2B 为企业与企业之间的跨境电商交易模式，相当于跨境一般贸易。指分属不同关境的企业之间通过电商平台或者专用网络达成交易，完成支付结算，进行数据信息传递，通过跨境物流送达商品完成交易，纳入海关统计。

B2C 为企业与消费者之间的跨境电商交易模式，属于跨境零售模式。指分属不同关境的企业直接面向消费者开展在线商品销售和服务，通过电商平台或者专用网络达成交易，完成支付结算，并通过跨境物流送达商品完成交易。

C2C 为消费者之间的跨境电商交易模式，也属于跨境零售模式。指分属不同关境的消费者之间通过第三方电商平台或专用网络发布信息，达成交易，完成支付结算，并通过跨境物流送达商品完成交易。

还有常见的在 B2B 和 B2C 模式基础上衍生出来的 B2B2C 模式。指商品通过保税仓、海外仓等，以 B2B 方式跨境，再以 B2C 方式到消费者手上。

目前 B2C、C2C 两种模式主要通过邮政物流、商业快递、保税仓、海外仓等方式，已全部纳入海关跨境电商统计①。

---

① 根据《海关总署统计分析司关于邮快件电商包裹列入统计有关事项的通知》（统计函〔2019〕87 号）的要求，自 2019 年起，进出境邮件及 B 类快件中的跨境电商包裹列入海关贸易统计。之前，只有通过海关跨境电商进出口统一版系统的各类跨境零售商品才列入海关贸易统计。

(二)根据交易流向的不同可分为跨境出口和跨境进口

跨境出口是指境内电商企业或个人通过电商平台或专用网络达成出口交易、进行支付结算,并通过跨境物流送达商品完成交易。包括跨境一般贸易出口和跨境零售出口。

跨境进口是指境内电商企业(包括境外电商企业的境内代理)或个人通过电商平台或专用网络达成进口交易,进行支付结算,并通过跨境物流送达商品完成交易。包括跨境一般贸易进口和跨境零售进口。其中,跨境零售进口根据海关监管方式的不同又可分为"直购进口"和"保税进口"模式。

(三)根据交易标的不同可分为跨境有形商品交易、跨境无形商品交易和跨境服务交易

跨境有形商品交易是指分属不同关境的供货商或个人通过电商平台或专用网络达成交易,进行支付结算,并通过跨境物流完成有形商品送达。

跨境无形商品交易是指分属不同关境的信息服务商(包括信息发布、软件开发、音视频制作等)和客户通过电商平台或专用网络达成交易,进行支付结算,并通过网络完成数字产品在线交付。

跨境服务交易是指分属不同关境的服务提供商(包括教育、设计、医疗、法律、咨询等)或个人通过电商平台或专用网络达成交易,进行支付结算,通过线上或线下完成跨境服务交付的商业活动。多数情况为在线服务,但也存在线上下单、线下服务的实例。

(四)根据运营方式的不同可分为平台电商、自营电商、社交电商和混合电商

平台电商是指跨境电商平台企业通过搭建电商平台为进出口企业和个人提供交易服务,整合商品信息、物流、支付、运营等资源,以收取商家佣金和增值服务费为主要盈利模式。

自营电商是指进出口企业以标准化要求,对其所经营的商品进行统一生产或采购、商品展示、在线交易,并通过物流配送将商品投放到最终消费群体中的行为。自营电商要求具有较强的品牌建设、商品质量控制和全交易流程管理的能力。

社交电商是指借助社交网站、SNS、微博、社交媒介、网络媒介的传播途

径,通过社交互动、用户自生内容等手段来辅助商品的购买和销售行为。比较典型的是目前的微商、拼团等电商行为。

混合电商是上述模式的结合。混合电商运营者既有自有业务,自购自销,同时也提供平台服务,吸引商家入驻。一般地,一些混合模式运营者拥有自己的支付、进出口手续、物流、广告、保险、消费者保护等服务,他们可能要求入驻商家在交易中使用这些服务。混合电商的盈利模式有两种,一是作为自营商赚差价,二是作为平台商收佣金。

(五)根据运营范围的不同可分为垂直型电商和综合型电商

垂直型电商主要针对特定的领域、特定的需求提供服务。垂直型跨境电商的业务比较专业,专注核心品类的深耕细作。垂直型跨境电商服务消费者更具有针对性,能有效节省消费者的购物时间,提高购物效率。

综合型电商的业务呈现多元化特点,涉及行业广,商品种类多。综合型电商能提供给消费者一站式购物体验,也正因为其对商家有更多的包容性从而能吸引更多的卖家入驻。

(六)根据海关监管方式不同可分为 5 种类型

这 5 种类型分别是 9610、1210、1239、9710 和 9810。具体内容详见后文,此处不再赘述。

二、跨境电商的业务规模

(一)海关统计数据

目前纳入海关统计的跨境电商主要指监管方式代码为 9610、1210 和 1239 的三种跨境零售进出口业务和 9710、9810 两种跨境企业对企业的出口业务。据统计,2019 年,全国跨境电商进出口总值 1900.0 亿元,同比增长 41.1%,其中,进口 918.7 亿元,同比增长 17.0%;出口 981.3 亿元,同比增长 74.8%[①]。从市场构成看,前三大跨境电商贸易伙伴分别为欧盟(不含英国)、美国和日本,进出口值分别为 406.0 亿元、245.8 亿元、193.2 亿元,同比分别增长 58.5%、32.3%、19.3%。从商品结构看,进口货值前三位的商

---

① 数据来源于海关总署官网:http://www.customs.gov.cn/,2020-12-23。

品是美容化妆品及洗护用品、乳品、服装,进口值分别为 370.4 亿元、162.9 亿元、22.7 亿元,同比分别增长 31.4%、21.3%、40.5%;出口货值前三位的商品是服装、塑料制品、箱包,出口值分别为 129.1 亿元、55.7 亿元、26.5 亿元,同比分别增长 14.9%、27.7%、-1.2%①。

(二)其他机构统计数据

(1)艾媒咨询发布的《2018—2019 中国跨境电商市场研究报告》和《2019 上半年中国跨境电商市场研究报告》显示,2019 年中国跨境电商有望增至 10.8 万亿元,并预计 2020 年市场规模将进一步扩大至 12.7 万亿元。同时,艾媒咨询监测数据还显示,2019 年上半年,网易考拉、天猫国际和海囤全球分别以 27.7%、25.1% 以及 13.3% 的市场份额雄踞跨境电商市场前三位置。2018 年中国海淘用户超过 1 亿人,预计 2019 年将超过 1.5 亿人②。

(2)网经社社会智库电子商务研究中心发布的《2019 年全球电子商务数据报告》显示,2018 年全球 28 个主要国家及地区电子商务交易规模达 24.7 万亿美元,网络零售交易额总计 3.0 万亿美元。2018 年中国跨境电商行业交易规模(包含跨境 B2B、B2C、C2C 和 O2O 等模式)达 9.0 万亿元人民币,增长 11.6%。其中,出口电商交易规模为 7.1 万亿元,进口电商交易规模达 1.9 万亿元,增长 26.7%。2018 年跨境电商行业用户规模达 1.01 亿人。从交易模式看,跨境电商 B2B 交易占比达 83.2%(约 7.5 万亿元),跨境电商 B2C 交易占比 16.8%(约 1.5 万亿元)。交易量前三位的平台为网易考拉、海囤全球、天猫国际等"头部平台",规模大、流量大、品牌多③。此外,中国产业经济信息网发布的《2019 年中国跨境电商交易规模、主要商业模式及未来发展前景分析》显示,2018 年中国跨境电商交易规模达到 8.8 万亿元,其中跨境电商 B2B 交易额占比达 80% 以上。

(3)国外机构的相关数据。麦肯锡 2016 年发布的《数字全球化时代的五个关键问题》显示,截至 2016 年,全球约 12% 的商品贸易是通过国际电子商务进行的。预计到 2020 年,跨境电商 B2C 的规模将达到 1.0 万亿美元,

---

① 数据来自海关总署官网:http://www.customs.gov.cn/,2020-12-23。
② 内容详见艾媒咨询:《2018—2019 中国跨境电商市场研究报告》,2019 年 3 月;《2019 上半年中国跨境电商市场研究报告》,2019 年 8 月;艾媒网,https://www.iimedia.cn。
③ 内容详见知识库:《网经社:2019 年全球电子商务数据报告》,https://www.useit.com.cn/thread-25389-1-1.html,2019-11-30。

年均增速约为 27%。所占的份额预计将从 2015 年的 15% 稳步增长至 2020 年的 29%。同时,在线消费者将从 2014 年的 3 亿人增加到 2020 年的 9 亿人,年均增速约为 21%[①]。

三、跨境电商发展现状评述

从以上数据及分析可以看出,不同机构对跨境电商发展趋势、消费结构、市场结构的判断基本一致,都认为跨境电商在未来一段时间仍将保持较快增长速度,在外贸进出口总值中的占比也将逐步提高,并承认头部平台对跨境电商进出口的贡献较大。但通过数据对比也发现,不同机构对跨境电商的统计差异相当大。

艾媒咨询等第三方机构调查分析,2017 年我国跨境电商零售额已达 1.6 万亿元,市场跨境电商产业规模已超万亿,纳入海关统计的数据却不到 1000 亿元,海关数据仅占市场份额的 5.6%,而且进口值大于出口值,与市场分析的出口值大于进口值正好相反。出现上述数据差异的主要原因:一是对跨境电商的概念定义不统一,内涵、外延不明确,统计范围、口径不一致;二是尚未建立起一套完整、科学的跨境电商统计监测体系,指标设置、数据采集、统计方法等尚未完善;三是数出多门,没有严格落实数据归口管理和统一发布规定;四是部分电商企业受利益驱使弄虚作假,刷单或虚报数据,存在数据泡沫。

纳入海关统计的跨境电商必须满足以下条件:交易主体双方必须跨境(备案标准);交易客体即标的限于有形物,且物流必须跨境(监管标准);载体即交易平台必须经认证,且与海关联网(联网标准);网上达成订单,向海关申报且推送“三单”对碰(数据格式标准);纳入 9610、1210、1239、9710 或 9810 监管方式(监管方式分类标准)等。

而其他机构统计的跨境电商范围则远远大于海关数据:交易主体不仅包括 B2C、C2C,而且包括 B2B;交易客体不仅包括有形物,而且有些包括了无形的数字信息和服务;载体不仅包括互联网,而且有些包括了微信、脸书等社交媒介;主体、客体、载体只要求任一要素跨境;不仅包括线上成交,而且有些包含了只通过线上展示、询价、撮合,线下成交的交易项目;不仅包括申报的 9610、1210、1239 等监管方式,而且有些包括了邮件、快件、货样广告

---

① Jacques Bughin、Susan Lund、James Manyika:《数字全球化时代的五个关键问题》,https://www.mckinsey.com.cn//,2016-10-20。

品、市场采购、边境小额贸易、一般贸易等贸易方式中的跨境电商部分,以及大量未申报的个人携带物品等。

四、构建跨境电商统计评估体系的意义和途径

跨境电商不同于传统外贸,难以通过现有的统计评估体系科学准确地测量其发展的实际规模和应用成效,因而也难以辅助主管部门实施有效监管和高效运作,更难以辅助宏观决策。因此,建立适应跨境电商业务发展特点的统计评估体系,对促进我国跨境电商产业发展,乃至促进我国外贸和经济发展方式转型具有重大意义。而要实现这一目标必须做到:一是全面、正确理解和把握跨境电商的本质内涵、主要特点和发展趋势,明确界定跨境电商的概念定义、统计范围和口径等,消除引起数据冲突的根源;二是坚持改革创新和顶层设计原则,在试点方案基础上进一步完善适应跨境电商特点和管理要求的统计监测体系,并复制推广,从制度和技术上解决问题;三是坚持依法治理和统计原则,综合管控和严厉打击虚假贸易、数据造假等违法违规行为,消除人为影响;四是坚持实事求是和市场化原则,科学考评,适度激励,坚持正确的政绩观和可持续发展;五是明确职责分工、数据归口管理,做到政府部门数出一门。

第三节　跨境电商的概念与特征

一、跨境电商的相关表述

虽然跨境电商从萌芽起步发展到普及推广已逾 10 年,但至今尚未形成较为权威、被普遍认可的定义。当前比较有代表性的概念表述如下:

(一)国际组织对跨境电商的表述

(1)世界贸易组织(WTO,1998 年)在其《电子商务工作计划》中将电子商务的定义表述为"通过电信网络进行的生产、营销、销售和流通活动",其不仅指基于 Internet 上的交易,而且指所有利用电子信息技术来解决问题、降低成本、增加价值和创造商机的商务活动,包括通过网络实现从原材料查询、采购、产品展示、订购到出品、储运以及电子支付等一系列的贸易活动。

（2）联合国国际贸易法委员会（UNCITRAL，1996 年）通过的《电子商务示范法》中将电子商务的定义表述为"使用电文的商务活动"，并且指出，"数据电文"系指经由电子手段、光学手段或类似手段生成、存储或传递的信息，这些手段包括但不限于电子数据交换、电子邮件、电报、电传或传真①。

（3）联合国经济合作与发展组织（OECD，1997 年）在其《电子商务工作组报告》中将电子商务的定义表述为"利用电子化手段开展的商业活动"，其采用电子处理和信息技术，例如文本、声音和图像等手段进行数据传输，遵循 TCP/IP 协议和通信传输标准，遵循 Web 信息交换标准，提供保密安全技术。

（4）世界海关组织（WCO，2018 年）在《世界海关组织跨境电商标准框架》中将其定义为"所有通过互联网等计算机网络数字化达成的活动"，由此产生了实际（有形）货物的移动，并需要办理海关手续的交易，并将其特征概括为：网上沟通、订购、销售，网上支付（如果可行）；跨境交易、运输和交付；有实际货物或物品（有形），并且最终送达消费者或购买者手中（商业目的或非商业目的均可）。世界海关组织明确指出该标准主要适用于 B2C 和 C2C 交易，但鼓励将其原则和标准应用于 B2B 交易。

（二）国内机构对跨境电商的表述

（1）《电子商务法》有关表述：全国人大财经委（2015 年）公布的《电子商务法》立法征求意见稿中，对跨境电商的定义表述为"交易相对方、交易场所或交易标的中有任一要素位于境外，并利用现代信息技术和互联网开展的各类跨境商品交易、服务交易及为交易提供的相关服务"。但在 2016 年 12 月《电子商务法（草案）》第一次审议稿的表述中改为"通过互联网等信息网络从事商品或服务进出口的经营活动"。2017 年 10 月第二次审议稿表述中取消了原来的跨境电商专门章节，并未对跨境电商做出明确定义。2018 年 8 月 31 日，审议通过的《电子商务法》中关于跨境电商的表述基本维持了二审稿的框架。不过，从第二条关于电子商务的定义"是指通过互联网等信息网络销售商品或者提供服务的经营活动"中可以推断出《电子商务法》关于跨境电商的定义应该是包括了服务。

（2）国务院办公厅（2013 年）在转发商务部等部门《关于实施支持跨境电子商务零售出口有关政策意见的通知》（国办发〔2013〕89 号）中将跨境电商

---

①　参见《贸易法委员会电子商业示范法及其颁布指南》（1996 年）第 2 条。

出口表述为"跨境电商零售出口是指我国出口企业通过互联网向境外零售商品,主要以邮寄、快递等形式送达的经营行为",即跨境电商的企业对消费者出口。该文也同时明确,跨境电商企业对企业出口,本质上仍属传统贸易。

(3)中国海关在其发布的 2014 年 56 号公告中对跨境电商的相关表述为"电商企业或个人通过经海关认可并且与海关联网的电商交易平台实现跨境交易进出境货物、物品的一种国际商业活动"。在 2018 年 194 号公告中,将跨境电商零售进出口定义为"跨境电商企业、消费者(订购人)通过跨境电商交易平台实现零售进出口商品交易,并根据海关要求传输相关交易电子数据的一种国际商业活动"。在 2020 年 47 号公告中将跨境电商范围进一步拓展到对企业出口,将其定义为"境内企业通过跨境电商平台与境外企业达成交易后,通过跨境物流将货物直接出口送达境外企业的活动"。

(4)杭州综试区(2015 年)在《中国(杭州)跨境电子商务综合试验区总体方案》中将跨境电商表述为"分属不同关境的交易主体(个人或企业)以数据电文形式,通过互联网(含移动互联网)等电子技术进行支付结算,并通过跨境物流送达商品、完成交易的一种国际商业活动"。

(三)社会机构对跨境电商的表述

(1)易观智库对跨境电商的表述为"分属不同关境的交易主体,借助电子商务平台传递供需信息、达成交易、进行支付结算,并通过跨境物流送达商品、完成交易的一种国际商业活动"。这也是目前百度百科关于"跨境电商"词条的解释,并被多数学术论文或研究引用。不过,该表述并没有明确说明这个商品是否包括数字商品等无形商品和服务。

(2)阿里研究院对跨境电商的表述为"分属不同国家的交易主体,通过电子商务手段将传统进出口贸易中的展示、洽谈和成交环节电子化,并通过跨境物流或异地仓储送达商品、完成交易的一种国际商业活动"。从狭义看,跨境电商近似于跨境零售电商。

综上所述,我们认为目前各方对跨境电商内涵和外延有共识的部分主要是狭义上的理解,对广义上的理解,分歧还比较大。

二、跨境电商概念界定

正确理解跨境电商概念,准确把握其内涵和外延,明确界定跨境电商的定义和范围,对构建跨境电商统计评估体系至关重要。应从跨境电商的本质特征入手,抓住问题的关键环节去考虑。本文从跨境电商的交易的主体、客体和载体入手把握其实质。

一是从跨境电商的交易主体看,跨境电商的交易主体是指通过网上达成商品交易的法律主体,原则上不包括支持商品交易的服务主体。交易主体可以是自然人(消费者或个人卖家)、法人(企业,即跨境电商经营者)和非法人组织。跨境电商的交易主体必须分属不同关境,这是外贸的必要条件,否则就是内贸。跨境电商服务主体包括第三方电商平台、第三方支付和仓储、物流等服务商,第三方平台或服务商因在跨境电商中起着十分重要的中介和支撑等作用,因此也是跨境电商业态中的重要参与主体,在跨境电商交易中往往需要承担连带责任。

二是从跨境电商的交易客体看,跨境电商的交易客体是指交易的标的,标的是否包括数字内容等无形商品,这是区分狭义和广义跨境电商的核心标准,也是区分跨境电商与数字贸易的核心标准。跨境电商的客体是否必须跨境交付、送达,也是关系跨境电商口径的重要方面。另外,从监管角度看,有形商品的监管属性可以分为货物和物品(根据其进出境渠道、用途和金额大小等确定其货物或物品属性),许多国家或地区对限值以下的小额货物或物品免予申报。

三是从跨境电商的交易载体看,跨境电商的交易载体是指跨境电商的交易媒介,主要指基于电子技术的互联网等媒介,这是跨境电商区别于其他贸易方式的根本标志。同时对载体形式和范围的不同界定也是区别狭义和广义跨境电商的重要标准。

结合上述分析,并参照《世界海关组织跨境电商标准框架》和《中华人民共和国电子商务法》的有关表述,我们认为跨境电商的定义可以表述为"所有通过互联网等计算机网络数字化达成,由此产生了实际(有形)货物的移动,并需要办理海关手续的交易"。其主要特征为:网上达成交易、有形货物、跨境交付。根据这一定义可以明确,现阶段的跨境电商涉及有形商品网上交易的 B2B、B2C、B2B2C 和 C2C 模式,不含在线提供的跨境服务和数字产品。

三、跨境电商基本特征

跨境电商依托电商平台整合各类资源,以数据流带动全球消费者和生产商、贸易商、中间商,形成全球化、市场化、平台化的商品流、资金流和信息流。这种全新贸易方式的主要特征体现在以下三个方面。

(一)交易特征

跨境电商以现代化互联网技术为基础,数据驱动生产、流通、消费各环节是其重要的生产要素。因此,跨境电商具有鲜明的数字化交易特征,具体表现在:

(1)无纸化。交易全过程均以电子信息的形式实现,无须纸质单证传输。

(2)无形化。交易本身通过网络实现,甚至部分交易标的(数字产品)也可通过网络交付。

(3)虚拟化。从事贸易的企业和个人无须固定的经营场所或常设机构,无须真实的身份和地理信息即可完成交易的全部流程。

(4)扁平化(去中心化)。交易双方通过平台完成全部交易过程,中间环节被大幅压缩,更加简约、高效、平等。

(5)泛在化。5G时代万物互联,传统交易的时空限制被彻底打破,时时处处可以达成交易。

(6)高频化。跨进电商依托网络平台和现代物流,通过电商平台交易瞬间达成,个性化需求和泛在化交易使得市场变化迅速,交易频次剧增。

(二)商务特征

跨境电商是"互联网+外贸"的典型应用,与传统国际贸易相比,被互联网赋能的跨境电商具有鲜明的新型国际商务特征,具体表现在:

(1)全球化。在互联网的渗透下,国际贸易突破传统的地理空间和边界,交易不再局限于两国之间的双边贸易,依托平台实现信息流、资金流、商品流向多边演进拓展,进而推动全球化大市场和大流通体系的形成。

(2)多元化。依托电商平台的一站式服务,境内外企业和个人都可以便捷地参与国际贸易,贸易主体更加多元。

(3)碎片化。为应对国际形势的不确定性,规避风险和贸易壁垒,国际订单出现长单改短单、大单改小单、少单改多单的趋势。同时,柔性制造、3D打印等新技术推动定制化商品和服务成为可能,个性化消费需求被激发,推动跨境零售模式兴起。在多种因素的驱动下,贸易碎片化趋势愈演愈烈。

（4）标准化。跨境电商高度依赖便捷高效的跨境信息流、资金流和商品流以及跨境网络、交通等基础设施，需要建立适应跨境电商特点的国际经贸标准框架和技术标准。

（5）智能化。现代电商平台依托大数据、人工智能等技术为运营赋能，实现智能搜索、智慧供应链、精细化运营、精准服务。

（6）融合化。在新技术革命的推动下，设计、生产、销售、售后服务高度融合，不仅内贸外贸相融合、货物贸易与服务贸易相融合，还存在跨界融合的趋势。

（三）时代特征

当前以创新驱动、数字和知识为核心要素的新经济正在萌发，移动支付、共享经济、智能制造、智慧物流、智慧社区等新业态、新模式如雨后春笋般涌现，跨境电商作为外贸新业态具有鲜明的新经济时代特征。具体表现在：

（1）跨境电商突出了"六个新"，即新模式、新方式、新需求、新供给、新成效、新体验，包括通过新的国际商业模式、新的国际交往方式、新的运营组织方式，以及跨境电商服务和技术等带来的新需求和新供给，通过提高市场效率、管理效率、通关效率等方面带来的新成效，突破时空、跨境壁垒等国际交往阻隔带来的新时空感、客户意识和时效体验等。

（2）跨境电商实现了"六个更加"，即贸易业态更加多样，贸易主体更加多元，交易信息更加透明，贸易属性更加普惠，新科技更多赋能，组织管理更加高效。

四、跨境电商生态体系

跨境电商是新兴产业，涵盖国际贸易、电子商务、制造产业、金融服务等多方面的内容。与传统外贸相比，跨境电商需要集聚的资源更加丰富，并逐渐呈现出生态化特征。围绕跨境电商的产品供给、技术支持、软件开发、物流仓储、在线支付等配套服务，以及政府监管、公共服务等协同演进。随着我国跨境电商从试点到普及，跨境电商生态系统也日渐完善，目前各跨境电商平台，尤其是头部平台更加重视供应链、产业链等生态链、生态圈的建设，不断加强产品、品牌、客户、渠道方面建设，引入客户反响较好的产品，帮助卖家培育品牌，不断增强客户黏性，积极转化有效流量，以共生共赢理念打造优质、完整、高效的供应链、产业链体系,不断完善跨境电商生态圈建设。

目前国内跨境电商生态系统已基本形成,主要包括 10 个子系统。它们分别是:

主体培育子系统,包括跨境电商经营者、围绕跨境电商的配套服务商,以及消费者。

平台建设子系统,包括跨境电商平台和线下公共管理平台的运营商。

信息共享子系统,用以实现"关""税""汇""商""物""融"等渠道的大数据归集、应用、共享和管理。

智能物流子系统,包括仓储、理货、分拣、配送、运输等。

金融服务子系统,包括结算、保险、金融、税务等内容。

信用征管子系统,包括信用信息、评价、管理等内容。

统计监测子系统,包括确定统计标准、方法、监测、分析、发布等内容。

风险防控子系统,包括信息采集、分析评估、预警处置等内容。

基础保障子系统,包括硬件、软件开发及安全保障等内容。

国际合作子系统,包括开展双边、多边、区域国际合作等内容。

2

第二章　跨境电商监管

　　跨境电商从试点起步到普及推广,持续保持高速增长,成为国际经贸领域的新亮点和新动力。但作为外贸新业态,跨境电商在蓬勃发展的同时,有别于传统外贸的低货值、高频次、碎片化、个性化等特征又引发贸易环境的巨大变化。政府监管面临全新挑战,唯有不断实践和创新,才能适应这种变化,促进外贸新业态健康发展。

第一节　世界主要经济体电子商务发展现状及相关政策[①]

　　在新一轮技术革命的推动下,国际贸易正处于创新发展和转型升级的关键期。世界主要国家和国际组织也纷纷将新经济视为经济增长的新引擎,跨境电商在全球范围处于快速发展的黄金期。

一、美国电子商务发展现状及相关政策

　　近年来,美国电子商务发展迅猛。主要有以下特点:一是国内电子商务的发展增速较快。2020 年电商零售额达到 7900.0 亿美元,较 2019 年增长

---

　　① 目前,“跨境电商”一词主要在我国境内使用,为跨境电商单独设置监管方式的也只有中国海关和韩国海关,多数国家及国际组织尚未对跨境电商有明确的定义和分类,也无从查询相关数据。为研究方便,如无特殊说明,在本章内容中均选用他国的电子商务为研究对象。

32.1%，据测算，2010—2020 年美国电商销售额年均增速超过 15%[1]，远超同期美国 GDP 增速，显示了新经济的强劲动力。二是亚马逊、易贝等美国电商企业交易额排名稳居世界前列，尤其是亚马逊在全美网络零售额上长期占据一家独大的地位，2020 年其零售增长额占所有电商增长额的近一半。三是移动电子商务成为美国电商新的增长亮点，并且移动电商零售额增速远超 PC 端电商的增速。

美国电子商务的快速发展得益于政府的大力支持。早在 1993 年美国率先提出"国家信息基础设施"计划，并取消利用互联网进行商业交易活动的限制。在电商课税问题上坚持税收公平、中性原则。1997 年 7 月，克林顿总统颁布《全球电子商务框架》。该框架反映了美国政府发展电子商务的基本战略，对美国及世界电子商务发展产生重大影响。2013 年 5 月，美国通过了《市场公平法案》，开始征收电商销售税，但对无形商品网络交易免征关税，对入境包裹的综合关税由关税和清关杂税构成，起征点为 800 美元。由于美国在电子商务、数字经济领域在全球具有领先优势，近年来美国一直积极推动数字贸易的自由化与便利化，在先后签订的一系列双边或多边贸易协定中，对包括跨境电商在内的数字贸易都有涉及。总体看，美国政府关于电子商务发展的政策一直遵循《全球电子商务框架》的理念，主要包括以下内容[2]：

基本原则共 5 项：(1)私营部门必须发挥主导作用。(2)政府应避免对电子商务的不当限制。(3)为商业发展营造合适的环境。(4)政府必须认识到互联网的特性。(5)基于互联网的电子商务应在全球范围内促进。

政策建议共 9 项：(1)关税和税收方面，建议网络交易的商品或服务均免征关税。(2)电子支付方面，建议法律法规体系不约束电子支付的发展。(3)电子商务规则方面，建议政府支持国际统一的贸易规则以促进电子商务发展。(4)知识产权方面，建议政府促进全球共同努力为知识产权提供有效充分的保护。(5)隐私方面，建议政府支持私营部门建立有效规范的隐私管理体系。(6)安全方面，建议加强政府与产业界的合作，促进全球信息基础设施安全可靠。(7)电信基础设施和信息技术方面，建议开展国际合作，实

---

[1] 搜狐财经：《2020 年美国电商销售额高达 7900 亿美元，亚马逊占所有电商增长额的近一半》，https://www.sohu.com/a/451756279_120637672，2021-2-21。

[2] 侯建东：《美国电子商务运行模式及政策研究》，吉林大学硕士学位论文，2007 年，第 20—23 页。

现互联互通,消除阻碍竞争、客户选择、廉价商品和优质服务的壁垒。(8)网络内容方面,建议产业界自我规范,实现网络信息内容健康安全。(9)技术标准方面,建议由市场而不是政府制定互联网技术标准。

总之,美国在跨境电商或数字贸易的发展理念和政策取向上倡导促进开放和自由流通。

二、欧盟电子商务发展现状及相关政策

近年来,欧洲电子商务市场发展十分迅速。截至 2020 年 6 月 30 日,欧洲上网用户达 7.2 亿人,互联网覆盖率为 87.2％,为全球互联网覆盖率最高的地区。欧洲电子商务发展的重点在西欧,其网络零售额约占欧洲的 65％。欧洲电子商务基金会发布的最新报告显示,2019 年欧洲电子商务营业额达6210 欧元,同比增长 13.6％,其中,意大利和罗马尼亚增速最快,均达到24％,西班牙达到 14％,而法国、德国、瑞典等国增速有所放缓。同时,欧盟自 2019 年 12 月 16 日开始实行跨境支付新规,使部分欧盟国家的消费者和企业享受更便宜的欧元跨境支付,费用低廉甚至零费用。①

欧盟把电商发展视为欧洲地区未来赢得全球竞争优势的关键因素。1997 年便开始规划和制定电子商务的政策框架,1999 年提出"电子欧洲"总战略,并沿这一战略陆续推出《欧盟电子商务行动方案》《电子欧洲》和《电子商务指令》等文件,为欧盟发展电子商务构建了基本框架。欧盟关于电子商务立法主要基于两点:一是规范交易环境;二是构建欧洲单一数字市场。近年来,欧盟关于电子商务立法的关注点主要体现在:

一是完善个人隐私保护。2018 年 5 月,欧盟通过《通用数据保护条例》(General Data Protection Regulation,GDPR),实行最为严格的个人隐私保护等级,对个人数据的跨境流动进行严格控制,只允许将欧盟公民的个人数据转移至那些能提供充分保护的地区和国家。英国出台《数字经济法案》,着重解决个人隐私泄露带来的垃圾邮件和骚扰电话等问题,并打击潜在的网络犯罪分子。

二是完善税收制度。2017 年底欧盟公布针对跨境电商的增值税规范化新法案。根据该法案,跨境卖家只需按季度向欧盟统一缴纳增值税,而非此前需按次分别向不同目标市场缴纳,简化了流程。同时,还简化缴纳规则,

---

① 商务部研究院:《中国电子商务发展报告(2019—2020)系列:全球电子商务发展概况》,http://baijiahao.baidu.com/s? id=1692551290575697,2021-02-24。

取消跨境电商 22 欧元的免税额,对电子书与纸质书采取统一的税收政策。

三是严格管理支付工具。要求支付机构必须获得经行业认可的执照,并在欧洲中央银行留存资金,预防金融风险。

四是推行便捷通关。欧盟任一成员国邮寄一批货物给另一成员国的多个收货人,只需填写一份商业发票和空运提单,享受"一地通关"服务。

总之,欧盟关于跨境电商或数字贸易的发展理念和政策取向,强化对个人隐私保护和税收保障等的监管。

三、其他国家跨境电商相关政策及监管实践

从电子商务发展趋势看,日本电子商务虽起步晚,但发展迅速,其市场规模仅次于美国和中国。印度虽然目前电子商务市场规模有限,但作为世界排名第二的人口大国,跨境电商发展潜力不容忽视。东盟是中国主要贸易伙伴,且东盟跨境电商总部已落户中国广西南宁,未来合作空间巨大,前景可期。

(一)日本电子商务发展概况

2017 年,日本国内的 B2C 电子商务市场规模为 16.5 万亿日元,同比增长 9.1%。

2018 年,日本电子商务市场规模达到 1220 亿美元。乐天(Rakuten)、亚马逊和雅虎购物(Yahoo! Shopping)居日本电商市场前三位,三家平台的交易量占日本电商交易总量的 1/3 以上,活跃用户总数超过 1 亿人次[1]。其主要特点是:用户的平台忠诚度较高,移动电子商务一枝独秀,主要有以便利店为特色的高效物流配送模式和厂商主导型的封闭式 B2B 模式,国内网络购物的满意度较高,跨境电商的海外扩张较快。

虽然日本电子商务的发展只有短短二十几年的历史,但日本政府极为重视相关法律制度的建设,目前日本已经形成了一套较为规范、完备的法律体系,为电子商务发展提供了一个良好的法律环境。日本电子商务的纲领性法律是《高度信息网络社会形成基本法》,以此法为核心,日本针对公平交易、产品安全等问题出台了一系列相关法律,如保障消费信息权利的《电子签名与认证服务法》、针对互联网交易的《消费者合同法》、设定合同冷却期

---

[1] 相关信息来自雨果网:《开拓日本市场——2020 年日本电子商务市场报告》,https://www.cifnews.com/article/61311,2020-02-26。

的《特别商业交易法》、保护网络隐私权的《个人信息保护法》、打击虚假广告的《不良网站对策法》等。

（二）印度电子商务发展概况

目前印度人口总数为 13.5 亿，仅次于我国。据印度互联网和手机协会（IAMAI）统计，截至 2018 年 6 月，印度互联网用户数量超过 5 亿，为全球第二大互联网市场，加之近年来印度经济增长较快，电子商务发展前景较好。摩根士丹利研究报告（2017 年）显示，未来 9 年时间内，印度本土电子商务市场增长率将从 2.0％增长到 12.0％[①]。目前印度电子商务市场既有亚马逊等国际电商巨头直接参与市场竞争，又有软银、阿里巴巴等通过投资印度境内本土电商平台参与市场竞争，涵盖零售、旅游、金融、网约车等诸多领域。印度发展电子商务的政策主要包括：一是税收政策，2015 年，印度政府下令所有网络零售商须登录贸易和税务部的网站（www. dvat. gov. in）进行注册与缴纳税费，并且要提交所有交易信息。贸易和税务部强制电商上交应付税款和交易信息。2017 年 7 月 1 日，印度开始实施征收商品和服务税政策，税率分为 0、5％、12％、18％、28％共 5 档。二是对跨境电商企业实行强制注册和投资限制规定，并要求提供网络购物服务必须有制造基地。三是电子商务法律体系逐渐完善。印度先后制定通过了《电子商务支持法》《信息技术法案》和《电子商务食品经营者运作指南》等法律法规，对《印度刑法典》《印度证据法》《合同法》《印度电报法》《银行账簿证据法》《一般条款法》《印度储备银行法》《法定度量衡法》等进行了修订完善，对电子签名、电子记录、知识产权、消费者权益、隐私权等都做出了明确规定。

（三）东盟电子商务发展概况

目前，东盟互联网用户约为 3.3 亿人，且增速较快[②]。东盟是世界第一个签署电子商务协议的地区，其在电子商务方面的主要政策包括：一是促进跨境电商贸易便利化，创造电子商务应用的互信环境，促进经济增长，深化东盟各国合作。同时保障个人信息安全。二是建立东盟跨境电商基地。东

[①]　摩根士丹利：《印度数字飞跃——数万亿美元的机遇报告》，https://www. useit. com. cn/thread-16806-1-1. html，2017-10-14。

[②]　详见人民网《东盟国家签署东盟电子商务协议》，http://world. people. com. cn/gb/n1/2018/1113/c1002-30396517. html，2020-12-25。

盟建立电子商务协调委员会,开展国际合作。2015 年 3 月,东盟跨境电商总部基地在中国广西南宁启动,该项目包括运营、经贸交流、人才培养、物流配送和产业园。三是实行零关税和人民币结算制度。

四、跨境电商的国际规制

跨境电商是电子商务在外贸领域的应用形态,其发展还离不开良好的贸易环境,涉及互联网基础设施、通信技术标准、物流基础设施、通关与检验检疫流程等诸多因素,除了受所在国法律法规体系的约束外,还必须接受相关国际法律法规体系的规制,这使得跨境电商适用的规则更多、更细、更复杂。虽然目前国际上还没有建立起完备的跨境电商规则体系,但与跨境电商相关的国际法律法规已有不少,主要体现在以下两方面。

(一)全球经贸框架中与跨境电商相关的规则

与传统贸易相比,围绕电子商务等新业态的国际贸易规则相对滞后。WTO 虽然在 1998 年即制定《电子商务工作计划》,但关注点在于数字产品交易;在 2019 年的电子商务诸边谈判中,对跨境电商的约束性贸易规则制定方面并未取得实质性进展。在全球经贸框架下,存在"旧制度约束新业态"的窘况。目前,根据 WTO 对电子商务的分类,对于在线订购并通过跨境物流实际送达的商品交易适用《多边货物贸易协定》(MATG)的条款,对于在线订购并通过在线或线下方式提供的服务交易适用《服务贸易总协定》(GATS)条款,对于完全通过在线方式完成的数字产品交易适用的规则尚不明确,对数字产品的征税问题也存在较大争议。同时由于互联网环境下,生产与服务逐渐融合,成员国对于在线交易中既有产品又含服务的适用条款也存在一定争议。对于跨境电商交易的产品或服务中涉及知识产权的适用《与货物贸易相关的知识产权协定》(TRIPS)条款。此外,跨境电商还适用 WTO 的《贸易便利化协定》(TFA)、WCO 的《经修订的京都公约》(RKC),以及《全球贸易安全与便利标准框架》(SAFE)等条款。需要说明的是,虽然 WCO 发布了《世界海关组织跨境电商标准框架》,但该框架不具备约束性。

(二)与跨境电商相关的其他国际协定

此类协定主要包括 WTO 的《基础电信协议》(ABTS)、《国际民航组织芝加哥公约》(ICAO)附件 9 和 17、《万国邮联公约》(UPU)(第 8 条)和安全标准(S58 和 S59)。由联合国贸易法委员会(UNCITRAL)制定的《电子商务示范法》《电子签名示范法》《国际合同使用电子通信公约》等一系列基本原则和规则,也成为世界各国立法机关制定本国电子商务法律的重要参考。此外,国家间签署的贸易协定中关于电子商务的内容也成为对双边或多边成员开展跨境电商的规制。如《美墨加贸易协定》(UCMTA)、《全面渐进的跨太平洋伙伴关系协定》(CPTPP)、《跨大西洋贸易和投资伙伴关系协定》(TTIP),以及部分国与国之间签署的自贸协定中都包含了关于电子商务方面的章节或条款。

五、小结

综上所述,全球各主要经济体的电子商务市场均呈快速发展态势,在GDP 中占比不断提升。各国政府也对这一新业态的发展持支持鼓励态度,并在本国的法律体系中不断加以完善。但从国际经贸规则体系建设现状也可以看出:一是各国由于自身经济发展水平、参与电子商务的能力等差异较大,因此对涉及跨境电商的新型经贸规则存在较大的意见分歧。二是在互联网环境下需要重新定位政府、企业、社会、消费者以及市场之间的关系,加强协调,尽快形成具有约束力的全球电子商务政策和相应的经贸新规则体系。三是从现实情况看,双边贸易谈判更易达成电子商务条款,而多边谈判则易陷于滞缓。因此,达成具有广泛共识并具有约束力的电子商务经贸规则可沿双边—区域—全球的路径考虑,或者同步推进。四是我国目前已成为全球电子商务交易大国,应继续加大对跨境电商的扶持力度,积极参与国际经贸新规则的制定,争取更大话语权和影响力。五是随着数字经济的快速发展,目前学界和商界大多认为,数字贸易将是未来国际贸易发展的主流趋势,所以跨境电商应置于数字贸易大背景下予以研究和规范。

第二节　跨境电商综试区：中国跨境电商实践的载体

一、设立跨境电商综试区的意义

跨境电商在中国表现出旺盛的生命力，在部分领域还具备领先优势。它顺应了互联网时代的经济发展特点，是对传统国际贸易的"扬弃"，成为新时代全球化的"新工具"。但是这种全新的贸易方式也呈现出新的趋势特征，给传统的贸易体系带来巨大变革。变革伴随着跨境电商的快速发展，给基于传统贸易建立起来的贸易环境、政策体系和政府管理模式都带来了巨大挑战。正如前文所述，目前既没有完备的国际规则对跨境电商予以规制，也无条件相当、相对成熟的域外实践案例供参考借鉴。为探索适应跨境电商这一新业态的管理服务模式，我国采取局部试点、在发展中规范、在规范中发展、逐步普及的方式，稳步推进跨境电商发展，即先设立跨境电商试点城市（以下简称"试点城市"），通过先行先试，让跨境电商企业与相关管理部门实现数据联网与共享，解决制约跨境电商发展的瓶颈问题，提高管理和服务水平。在此基础上，选择一些业态发展基础较好、管理经验相对成熟的城市设立跨境电商综试区，通过这种方式逐步扩大试点范围和内容。在数据联网共享的基础上，对跨境电商在交易、支付、物流、通关、结汇、退税等环节的技术标准、业务流程、监管模式和信息化建设等方面，通过制度创新、管理创新、服务创新，实现业务协同，破解制约跨境电商发展的深层次体制机制矛盾，打造跨境电商完整的产业链和生态链，为国家跨境电商发展提供可复制可推广的地方经验，为建立国际经贸新规则体系提供中国方案，贡献中国智慧。

二、中国跨境电商综试区的发展历程

2012 年 8 月，我国首先将杭州、上海、宁波、郑州、重庆设为跨境电商试点城市[①]。各试点城市在试点期间，先后在跨境电商的云服务、云监管、商品

---

① 详见国家发改委《关于组织开展国家电子商务示范城市电子商务试点专项的通知》（发改办高技〔2012〕1137 号）、《国家发展改革委办公厅关于国家电子商务示范城市电子商务试点项目的复函》（发改办高技〔2012〕2219 号）及 2012 年 12 月国家发改委、海关总署关于中国跨境电子商务服务试点工作部署会的相关内容。

质量监管、自贸区跨境平台、备案制管理、保税商品展示交易中心、跨境电商国际仓保税中心、中欧班列＋航空港立体快速物流链等方面进行了卓有成效的探索。

2015 年 3 月，国务院批复同意杭州设立中国(杭州)跨境电子商务综合试验区。要求政府主管部门要适应新型商业模式发展的要求，转变观念和工作方式，支持杭州综试区大胆探索、创新发展。在保障国家安全、网络安全、交易安全、进出口商品质量安全和有效防范交易风险的基础上，坚持在发展中规范、在规范中发展，为综试区各类市场主体公平参与市场竞争创造良好的营商环境，并提出试点工作要循序渐进，适时调整，逐步推广。之后国务院又分别于 2016 年 1 月批复同意天津等 12 个城市设立跨境电商综试区①，2018 年 7 月批复同意北京等 22 个城市设立跨境电商综试区②，2019 年 12 月批复同意石家庄等 24 个城市设立跨境电商综试区③，2020 年 4 月批复同意在雄安新区等 46 个城市和地区设立跨境电商综试区④。至此，我国已在 105 个城市设立跨境电商综试区，覆盖东中西部共 30 个省区市，跨境电商业务实现了从点到面的普及。2019 年，全国实现跨境电商进出口总额 1900.0 亿元，同比增长 41.1％。

二、杭州跨境电商综试区简介

(一)杭州综试区的独特优势

国家之所以选择杭州作为首个跨境电商综试区，主要是因为在杭州开展跨境电商具有得天独厚的优势：一是开放优势。开展跨境电商需要高度开放的经济环境，杭州作为改革开放的先行地，逐渐探索固化了开放理念下的体制机制和市场准入政策，可以有效吸引全球要素集聚，跨国机构入驻，共同参与全球资源配置，形成了高度外向的经济体系。二是实践优势。杭

---

①　详见《国务院关于同意在天津等 12 个城市设立跨境电子商务综合试验区的批复》(国函〔2016〕17 号)。

②　详见《国务院关于同意在北京等 22 个城市设立跨境电子商务综合试验区的批复》(国函〔2018〕93 号)。

③　详见《国务院关于同意在石家庄等 24 个城市设立跨境电子商务综合试验区的批复》(国函〔2019〕137 号)。

④　详见《国务院关于同意在雄安新区等 46 个城市和地区设立跨境电子商务综合试验区的批复》(国函〔2020〕47 号)。

州先后被列为国家信息化试点城市,国家"九五"电子商务应用试点城市,2012 年又被列为全国首批跨境电商试点城市,通过先行先试,积累了丰富的实践经验和创新红利。三是配套优势。杭州属于长三角区域中心城市之一,交通物流仓储等基础设施完善,民营经济发达,市场高度活跃,外贸条件优越。四是产业优势。杭州被誉为"电子商务之都",拥有成熟的电商产业,这里不仅诞生了阿里巴巴这样的电商巨头,还拥有网易、信雅达、恒生电子、浙大网新等电商企业或软件开发企业,既有成熟的第三方支付平台,又有高度智能的物流配送平台,电商产业服务体系相当完备。五是人才优势。杭州不仅是电商人才的集聚地,而且有勇于创新、善于经营的浙商群体,为新业态的发展提供了高素质的创新人群。

(二)杭州综试区的功能定位和基本架构

跨境电商综试区不是跨境电商试点城市的简单升级版。根据《中国(杭州)跨境电子商务综合试验区实施方案》,杭州综试区的功能定位是三大中心,即经过 3—5 年的改革试验,力争把综试区建成以"线上集成+跨境贸易+综合服务"为主要特征,以"物流通关渠道+单一窗口信息系统+金融增值服务"为核心竞争力,"关""税""汇""商""物""融"一体化,线上"单一窗口"平台和线下"综合园区"平台相结合,投资贸易便利、监管服务高效、法制环境规范的全国跨境电商创业创新中心、跨境电商服务中心和跨境电商大数据中心。同时,作为全国首个跨境电商综试区,杭州综试区还需为全国跨境电商发展探索可复制、可推广的经验做法。

杭州综试区的基本框架是"六体系两平台",即信息共享体系、金融服务体系、智能物流体系、电商信用体系、统计监测体系、风险防控体系,以及线上"单一窗口"平台和线下"综合园区"平台。主要任务是通过以信息为基础、以信用为核心、以技术为支撑的跨境电商新型监管服务模式,实现跨境电商自由化、便利化、规范化发展。其实现路径为:掌握信息数据→交易真实背景→电商信用体系→简化监管流程→优化综合服务。通过"六体系两平台"实现跨境电商信息流、资金流、货物流"三流合一",建立以真实交易为基础的电商信用评价体系,对企业或商品实施分类分级监管,简化优化监管流程,并依托大数据的分析运用,提供金融、物流等供应链综合服务。

(三)杭州综试区实践的主要经验

经过两年多的实践探索,杭州综试区取得的相关经验做法经国务院第

187 次常务会议批准决定向全国复制推广。2017 年 10 月 26 日商务部发函，向全国跨境电商综试区推广包括"六体系两平台"在内的 12 条"杭州经验"。这 12 条成熟经验是：建设线上综合服务平台，打造信息枢纽；建设线下产业园区，实现协调发展；发展海外仓，推动 B2B 出口；创新金融支持模式，提升金融服务水平；简化通关手续，提升通关便利化水平（"简化申报、清单核放、汇总统计"等）；创新检验检疫监管模式；提升出口退税效率；便利外汇交易结算；建立统计监测体系（联合开展统计试点，确立"三单"认定标准，统计调查方法，加强线上数据整合，创新数据应用，等等）；鼓励商业模式创新；打造跨境电商品牌，促进提质增效；加大人才培育力度，完善跨境电商生态圈。

四、跨境电商综试区试点成效评述

自 2015 年启动跨境电商综试区建设以来，各综试区纷纷结合本地特色，在当地政府及海关、税务、商务、金融等部门的协作下，逐步形成一套适应跨境电商发展的管理制度和规则，并取得明显成效。

（一）跨境电商综试区的主要创新实践

一是搭建跨境电商综合管理平台。全国海关"统一版"跨境电商出口、进口通关管理系统分别于 2014 年、2016 年上线运行。该系统对接平台、电商、物流、支付企业，采取"清单核放、汇总申报"模式，对保障"物流畅顺、通关便捷、监管有效"起到了重要作用，大幅提升跨境电商进出口的通关便利化水平。各地综试区还结合本地特色开发了一些"地方版"功能，增加了金融服务、统计监测、信用信息公示等功能。

二是完善跨境电商产业链。各地综试区大力发展线下园区平台，集聚专业人才、资金、技术等要素，吸引电商、支付、物流、金融、服务、法律、咨询等企业入驻，打造跨境电商全产业链。以杭州综试区为例，从 2015 年到 2019 年，杭州电商企业从 3500 家发展到 12000 家，显示了综试区强大的吸引力和旺盛的生命力。同时杭州综试区积极推进跨境电商与传统制造业融合升级，支持云集、执御等新型本土平台拓展业务，鼓励其与国际平台开展合作，形成良性竞争。积极培育连连支付、乐链等跨境支付、智能物流服务商，帮助其成长。

三是探索监管服务创新。综试区不是"政策洼地"，而是"创新高地"。杭州综试区先行先试，探索出的"六体系两平台"模式大幅提升通关效率，出口基本实现"秒"放,进口通关速度也大大快于传统贸易方式下的通关。郑州综试区在此基础上进一步制度创新,增加了"人才培养和企业孵化平台"和"跨境电商质量安全体系",构建了"七体系三平台"的监管服务矩阵,取得良好效果。

四是培育综试区发展优势。随着跨境电商综试区的不断扩围,简单的"复制"或"移植"已无法适应各地跨境电商发展的需要,第一、二批综试区大多发展基础好,具有一定优势。而在第三、四批综试区中,则更需根据自身特点,因地制宜,错位发展。例如:义乌综试区依托小商品市场优势,积极开拓跨境电商零售出口市场,探索将跨境电商与市场采购优势叠加。中西部一些城市则充分利用中欧班列资源,积极开拓中亚、中东欧市场,与沿海综试区形成错位竞争、百花齐放的格局。

(二)跨境电商综试区的主要实践成效

跨境电商综试区设立以来,除了交易规模持续扩大外,其主要成效还体现在以下方面。

一是跨境电商监管服务不断创新。各地综试区纷纷在确保有效监管的前提下,提升跨境电商通关效能,采用"单一窗口""一站式"服务等模式,加强综试区信息化服务平台建设,大幅提高跨境电商进出口的便利化程度。例如:需要海关验核的 46 种监管证件中,除涉密外,已全部实现联网核查,明显提高通关便利化水平,大幅压缩通关时间,降低企业物流成本,极大优化了跨境电商的营商环境。

二是跨境电商产业带动能力增强。随着综试区建设的推进,跨境电商全产业链体系不断完善,进一步促进了综试区所在地相关产业的发展,对地方经济增长产生明显的带动作用。首先,跨境电商可为传统进出口企业开展对外贸易提供直接支撑。以深圳综试区为例,一些制造业企业借助跨境电商综试区直接面对海外消费者,形成 F2C(工厂—消费者)的新型商业模式。其次,行业内分工更加专业。跨境电商全产业链条聚集了大量高科技企业,随着行业规模扩大,行业内分工更加专业,为相关产业发展奠定坚实基础。如,郑州综试区建设的跨境电商大数据服务中心,以服务中西部地区电商大数据应用为目标,同时也为传统业企业数字化、智能化转型提供数据服务。义乌综试区的很多中小企业引入跨境电商相关的数据分析系统和物流系统,提升竞争力。

三是跨境电商的辐射带动能力增强。目前,我国跨境电商综试区已达105个,覆盖东中西部30个省区市,原有跨境电商试点集中在东部沿海地区城市的格局被打破,广大中西部地区同样可以享受跨境电商发展的政策红利,实现了从点到面的普及,跨境电商红利惠及面更广。同时,跨境电商综试区自身的辐射能力也不断增强,以珠海综试区为例,其规划目标为三年内辐射到粤西地区。而中西部地区的一些新设的跨境电商综试区对周边的辐射带动作用也将逐步体现。

第三节　中国跨境电商法律法规及政策体系

目前我国规范跨境电商的法律法规及政策体系主要分四个层级:第一层级是全国人大常委会审议通过的与跨境电商相关的各项法律;第二层级是国务院发布的鼓励支持跨境电商发展的政策指导意见;第三层级是跨境电商部委主管部门和省级地方人大、政府发布的规范促进跨境电商发展的各类政策法规和规章;第四层级是跨境电商综试区及试点城市所在地的地方政府发布的关于促进本地区跨境电商发展的各类政策法规和规章。由于跨境电商涉及法律法规体系庞杂,本课题研究将仅就与跨境电商联系紧密的法律法规进行分析,并按照法律政策类别及制定时间而非法律位阶对其进行梳理。

一、全国人大常委会审议通过的法律

目前全国人大尚未对跨境电商单独立法,对其适用法律主要来源于《电子商务法》,以及适用跨境电商进出口管理的《对外贸易法》《海关法》《进出口商品检验法》《进出境动植物检疫法》《国境卫生检疫法》,适用跨境电商交易主体行为和交易标的管理的《合同法》《消费者权益保护法》《反垄断法》《食品卫生法》《药品管理法》《电子签名法》《网络安全法》等,甚至还包括与跨境电商对外支付、物流、保险、金融等相关的各项法律。

《电子商务法》于2019年1月1日起正式生效。该法与跨境电商有关的主要有第二十六条、第七十一条、第七十二条、第七十三条等四个条款。

第二十六条规定:"电子商务经营者从事跨境电子商务,应当遵守进出口监督管理的法律、行政法规和国家有关规定。"

第七十一条规定:"国家促进跨境电子商务发展,建立健全适应跨境电子商务特点的海关、税收、进出境检验检疫、支付结算等管理制度,提高跨境电子商务各环节便利化水平,支持跨境电子商务平台经营者等为跨境电子商务提供仓储物流、报关、报检等服务。"

第七十二条规定:"国家进出口管理部门应当推进跨境电子商务海关申报、纳税、检验检疫等环节的综合服务和监管体系建设,优化监管流程,推动实现信息共享、监管互认、执法互助,提高跨境电子商务服务和监管效率。跨境电子商务经营者可以凭电子单证向国家进出口管理部门办理有关手续。"

第七十三条规定:"国家推动建立与不同国家、地区之间跨境电子商务的交流合作,参与电子商务国际规则的制定,促进电子签名、电子身份等国际互认。"

《电子商务法》中虽然未对跨境电商做出明确的定义表述,但通过4项法律条文对跨境电商的市场主体、政府部门所应承担的法律责任、权利和义务,以及推动跨境电商国际交流合作、制定国际经贸规则等方面都做出了明确规定。此外,从适用意义上讲,《电子商务法》所体现的规范与发展并重、平等与均衡对待、协同与共治理念的立法原则也适用于跨境电商。例如:该法明确以促进和支持电子商务持续健康发展为宗旨,明确了线上线下商务活动平等对待,均衡保障消费者、平台商和电商企业的权益,完善和创新政府协同监管制度的要求,推动形成企业自治、行业自律、社会监督的共治模式,等等。《电子商务法》的颁布实施,有助于规范跨境电商行业发展中存在的不正当竞争行为,为其持续稳定健康发展提供了重要的制度性保障。

此外,2005年4月1日起生效的《电子签名法》赋予电子签名与手写签名同等法律效力,消除了制约跨境电商发展的法律障碍。2016年6月1日起生效的《网络安全法》明确了网络运营者应承担的义务,以及保障网络安全的主要原则及措施等,为跨境电商经营者所提供的产品或服务的内容、范围、方式等都做出了规定。

二、国务院发布的跨境电商相关政策法规梳理

国务院是跨境电商指导性意见的制定机关。除了国务院制定的《关税条例》《增值税条例》等法规适用于跨境电商外,自2012年开展跨境电商试点以来,国务院专门针对跨境电商陆续出台了系列政策文件鼓励支持跨境电商发展。这些政策文件主要包括两类:一类是政策指导类规章,如 2013 年 8 月发布的《国务院办公厅转发商务部等部门关于实施支持跨境电子商务零售出口有关政策意见的通知》(国办发〔2013〕89 号);另一类是政策支持类规章,如 2015 年 3 月发布的《关于同意设立中国(杭州)跨境电子商务综合试验区的批复》(国函〔2015〕44 号)。此外,国务院常务会议也多次将跨境电商列为研究议题,提出了很多促进跨境电商发展的意见和措施,对跨境电商发展起到了极大的促进作用。

自 2012 年以来国务院发布的与跨境电商相关的主要文件,以及与跨境电商相关的国务院常务会议讨论内容详见附录的表 1 和表 2。

三、国家部委跨境电商相关政策梳理

作为互联网化的贸易形态,跨境电商具有互联网和国际贸易双重属性,所以跨境电商的监管部门既有传统的国际贸易监管部门(如商务部、海关总署、国家外汇管理局等),又有互联网、信息化监管部门(如网信办、工信部等)。这些部门按职责分工,针对跨境电商发展过程中遇到的问题,从职能管理与指导的角度出发,制定具体的措施办法,落实国务院提出的工作要求和意见。

部委政策一般根据部门职责范围以单独发文或联合发文的形式向社会公布,主要包括两类:一类是政策支持类,如 2013 年 10 月商务部印发的《关于促进电子商务应用的实施意见》(商电函〔2013〕911 号);另一类是政策规范类,如 2015 年 1 月国家外汇管理局印发的《关于开展支付机构跨境外汇支付业务试点的通知》(汇发〔2015〕7 号)。这些政策的出台逐步破解了束缚跨境电商发展的体制机制性障碍,跨境电商发展过程中面临的管理方式不适应、诚信体系不健全、市场秩序不规范等难题逐步开始得到解决,跨境电商的生态环境得到有效净化,有利于跨境电商的健康发展,也有利于发挥跨境电商在培育经济新动能、推动外贸高质量发展、高水平开放中发挥更大的作用。

自 2012 年以来国家各部委发布的涉及跨境电商政策的相关文件详见附录的表 3。

四、海关总署发布的与跨境电商相关政策梳理

由于海关处于跨境电商监管链条中的关键环节,推出的政策措施较多。

因此,研究中将海关总署推出的相关政策予以单列。近年来,为了支持跨境电商发展,海关主动适应外贸业态变化带来的挑战,主动改革创新,先后推出 9610、1210、1239、9710、9810 等监管方式,同时对跨境电商进出口监管实行 7×24 小时全天候通关验放,货到海关监管场所 24 小时内办结海关手续,开展跨境电商监管业务的海关现场制订联动工作作业机制、应急预案和全年无休日跨境电商通关总体工作方案等,加大海关便捷措施的实施力度,全面落实有关要求,营造良好的跨境贸易营商环境。

自从开展跨境电商试点以来,海关陆续推出一系列政策,积极扶持新业态的成长,保障跨境电商快速发展。2012 年以来,海关推出的相关政策详见附录的表 4。

五、综试区所在地的省区市级政府发布的与跨境电商相关政策梳理

跨境电商综试区或开展跨境电商试点城市所在地省级或市级政府也分别结合各自的特色制定相应的政策支持鼓励新业态发展。目前前三批综试区或试点城市基本都已制定出促进跨境电商综试区建设的总体方案、实施方案,或是促进跨境电商发展的相关规划等,第四、五批综试区也在积极推进中。此外,许多地方政府还出台了一些鼓励、支持本地跨境电商发展的法规或政策措施。由于涉及城市较多,我们分别从第一、二、三批综试区中各选择一个代表性的城市,对其推出的政策进行梳理。政策清单详见附录表 5。

第四节　跨境电商海关监管实践现状

一、主要监管方式

目前适用跨境电商进出口的海关监管方式代码共 5 种,分别是 9610、1210、1239、9710 和 9810,根据跨境电商进出口商品的流向不同,构成了以下几种基本监管模式。

零售一般出口(监管方式代码 9610):符合条件的跨境电商企业及平台同海关联网,境外个人通过跨境电商平台达成交易后,电商、支付、物流企业或其代理人向海关传输交易、支付、物流等电子信息,运抵监管场所后,由收发货人或其代理人向海关提交清单办理申报和纳税等手续,海关凭清单验放,商品以邮件、快件等方式出境,主要适用于跨境出口 B2C 模式。

零售直购进口(监管方式代码 9610):境内个人通过跨境电商平台达成交易后,电商、支付、物流企业分别向海关传输交易、支付、物流等电子信息,商品以邮件、快件等方式进境,运抵监管场所后,由收发货人或其代理人向海关提交清单办理申报和纳税等手续,主要适用于跨境进口 B2C 模式。9610 监管方式的优点在于:商品丰富多样,消费者选择空间较大;市场灵活度较高,不易造成货物积压;采购流程简化,品质认可度高。但该模式也存在一定缺点:碎片化交易导致物流、通关效率较低;退货程序烦琐,消费者权益难以保障。

特殊区域出口(监管方式代码 1210):符合条件的跨境电商企业及平台同海关联网,跨境电商企业将整批商品以一般贸易方式申报并运入海关特殊监管区域,享受入区退税政策。商品验放离境后,定期将已放行清单归并形成出口报关单。主要适用于跨境 B2B2C 出口模式。

网购保税进口(监管方式代码 1210):符合条件的跨境电商企业及平台同海关联网,跨境电商企业将整批商品运入海关特殊监管区域或保税物流中心并向海关申报,海关实行账册管理,境内个人网购商品入区后,以邮件、快件等小包形式向海关申报从二线验放出区,核销账册。

保税电商 A(监管方式代码 1239):业务流程与网购保税进口和特殊区域出口(1210)相同,但适用条件不同。1239 仅适用于非跨境电商试点城市的海关特殊监管区域或保税物流中心(B 型),但进口商品在一线入区时需提交通关单(在试点城市的 1210 模式下通关单暂缓提交)。随着跨境电商综试区的试点城市的不断扩围,保税电商 A 的业务规模逐步缩小。

2020 年 6 月海关总署推出两种跨境电商企业对企业出口模式。

B2B 直接出口(监管方式代码 9710):境内企业与境外企业通过跨境电商平台实现交易,向海关传输相关电子数据,通过跨境物流将货物直接出口至境外企业。

出口海外仓(监管方式代码 9810):境内企业通过跨境物流将货物出口至海外仓,通过跨境电商平台实现交易后从海外仓送达购买者处,并向海关传输相关电子数据。

此外,在"9710"和"9810"监管模式推出之前,杭州综试区还试行过针对跨境电商 B2B 出口的监管模式,就是在申报一般贸易方式出口(监管方式代码 0110)中区分出跨境电商,要求收发货人或其代理人申报跨境电商订单或合同号等信息,实行"三单对碰",货物按一般贸易出口流程监管出境。

目前,国际上除中国、韩国海关为跨境电商单列监管方式,其他各国均未单列监管方式进行区别监管,绝大多数以低值货物对待,采取简易申报方式处理。

二、具体监管实务

(一)监管理念

海关作为跨境电商进出境的主要监管部门,在跨境电商飞速发展的同时,也不断创新监管服务模式,适应业态发展的需要。坚持"在发展中规范,在规范中发展"的理念,遵循"审慎、包容、创新、协同"的原则,运用云服务、大数据、人工智能、区块链等现代科技手段,加强同跨境电商利益攸关方的合作,力图通过数据共享与协同,探索"嵌入式"的顺势监管和"穿透式"的协同监管新模式,通过新技术、新手段来支持服务新业态、新经济的发展。目前各综试区所在地的海关已逐步形成一套有效的跨境电商监管经验和做法。

(二)监管架构

通过跨境电商综试区的实践,已形成两种平台的联通。一种是政府平台与企业平台的联通。政府平台是由政府主导或委托建设运营的平台,如海关通关监管平台、国际贸易"单一窗口"平台、综试区跨境电商管理与公共服务平台等。企业平台是由企业主导建设或运营的平台,为跨境电商提供交易、支付、金融、物流等服务,如天猫国际、网易考拉、菜鸟网络等。另一种是线上平台与线下平台的联通。线上平台是指基于互联网的在线管理、服务、交易平台,如杭州综试区的跨境电商线上单一窗口平台;线下平台是指在特定区域搭建的实体平台,如跨境电商园区。两种平台的互联互通,使得线上交易、服务、监管的数据与线下园区的实际物流、仓储等数据信息相互融合,为数字监管、智慧监管提供重要支撑,极大提升通关效率和监管效能。

(三)监管流程

根据跨境电商低货值、多品种、高频次的碎片化特征,海关采取"三单对碰"的方式(三单系指交易订单、支付凭单和运单),通过审核物流、信息流、资金流的一致性,确保贸易的真实性。具体作业环节如下。

申报环节:跨境电商企业、个人、物流企业、支付企业应在跨境电商进出口商品申报前,分别向海关提交"三单信息",并通过"单一窗口"向海关如实提交对应的跨境电商进出口报关单、备案清单和货物清单。

查验环节:海关按照风险管理要求,通过信息化手段,对跨境电商进出口商品实施布控和查验。查验主要是将申报的电子数据与进出境商品的实际状态进行比对验核。主要通过 X 光机、视频监控等信息化查验,以及外形查验、开箱查验等多种形式。海关实施查验过程中,跨境电商企业或相关人员应予以配合,并在查验记录上签字确认。

征税环节:跨境电商进出口商品按照现行规定征收关税和进出口环节代征税(限额以内为零关税)。为提高跨境电商的通关时效和征税效率,海关采取"税款担保、集中纳税、代扣代缴"的模式,凭跨境电商企业或其代理人办理的保证金或保函按月集中征收,且多采用网上支付方式缴纳税款。

放行环节:跨境电商进出口商品在完成上述流程后予以放行,放行在海关监管场所内实施。对于网购保税进口模式下,电商企业存储在海关特殊监管区域(保税物流中心)内超过保质期或有效期、商品或包装损毁等不符合销售条件的商品,办理退运或销毁。

(四)监管链条

目前海关已形成跨境电商进出口全程监管链条闭环。事前阶段,采取严格的准入管理,对企业和个人实行实名制管理和信用管理,对商品实施正面清单管理,明确商品范围,事前备案;事中阶段,采取清单申报、清单核放等简化通关手续,便利通关,通过"三单对碰"、大数据分析风险布控、现场查验加强实际监管;事后阶段,通过稽核查、缉私和联合惩戒,促进企业和个人守法自律,维护正常秩序。通过信息化平台贯穿事前、事中、事后各阶段的监管,形成全程监管链条闭环,基本实现"数据共享、部门协同、源头可溯、风险可控",确保便捷通关与高效监管的统一。

三、监管面临的问题

跨境电商涉及环节众多,从实际监管角度来看,仍存在一定的问题,主要表现在以下方面。

(一)跨境电商统计口径不一易致统计评估失真失信

一定程度上,监管效能决定数据质量,数据质量体现监管效能。目前,我国对跨境电商统计口径不一,数据来源不同,测算方法各异,数出多门,造成海关公布的跨境电商数据与其他机构公布的数据存在较大差异。数据冲突造成疑惑,人们难以准确判断跨境电商的实际规模和发展状况。海关统计作为进出口法定官方统计进一步探索完善跨境电商统计体系,推进跨境电商贸易统计、业务统计和业态统计的协调统一,是一项紧迫而重要的任务,但面临许多现实困难和挑战。造成数据冲突的主要原因在于对跨境电商的不同理解。从广义的角度,跨境电商包括数字产品交易,以及所有的跨境 B2B、B2C、C2C 及在线服务贸易。2020 年前,纳入海关统计的跨境电商仅指通过海关跨境电商管理平台申报的跨境电商部分,不包括数字产品及服务贸易。自 2020 年起,我国开始采用跨境电商业态全口径统计,与《世界海关组织跨境电商标准框架》关于跨境电商的定义相一致。

(二)跨境电商与邮快件、行李物品之间缺乏监管协同

目前在货物、物品和跨境电商零售之间存在三种不同税制和监管条件。由于邮快件渠道仍存在免征税额,且无进口许可证件管理,存在同一电商平台、同一电商的商品通过跨境、行邮、快件等不同渠道进口的待遇不同的现象。现行《海关法》《关税条例》等规定了货物、物品分开计征税款的模式,但随着我国外贸高速发展,将货物与物品分开征税的制度与实际情况不一致。虽然目前调整了行邮税率,但更为关键的是 50 元免征额导致部分企业或个体经营者将实为贸易性质的货物委托个人携带或者邮寄小批量多次进境,通过"个人物品"或"蚂蚁搬家"逃避纳税义务的通道。这种状况不仅引发监管难题,也对跨境电商健康发展产生不利影响。

(三)跨境商品质量安全风险监测亟待完善和加强

跨境电商商品质量安全风险权威监测机构的抽检结果显示,2019 年上半年抽检线上跨境商品 614 批,发现安全卫生指标不合格 65 批,不合格率 11%。不合格原因涉及生物安全、质量安全、欺诈和虚假宣传等。2017 年国务院《关于完善进出口商品质量安全风险预警和快速反应监管体系切实保护消费者权益的意见》(国发〔2017〕43 号)(以下简称"国发 43 号文"),对跨

境电商零售进出口商品的风险监测和防控工作做出了全面部署,商务部、海关总署也下发了有关工作要求。但目前还在初步实施阶段,跨层级、跨部门、跨渠道的协作配合机制尚未完全成形,各口岸的风险监测工作存在各自为政的现象,在监测数据互通、风险评估、预警通报等方面尚未形成紧密的全国一体格局,异地协同调查及风险联动处置也不够通畅。此外,针对进口跨境电商商品的判定评估还存在依据不明确、中外标准差异等问题。

(四)跨境电商的市场主体及利益相关方的法律地位和责任边界需要进一步明确界定

跨境电商的市场主体和利益相关方多元复杂,交易主体、服务主体的职责划分,权利与义务平衡,以及对个体消费者隐私和权益的保护等方面均需要进一步深化细化,而现有的规定仅在海关总署 2018 年 194 号公告中做出了原则性表述,在更高层级的法律法规层面和其他部门的规章中涉及不多,不够明确或不尽合理,这给海关的日常管理造成了困难。如对传输电子信息主体的法律地位未予明确,文件规定企业提交"申报清单"是申报行为,提交"三单"为传输行为,而现有法律法规并未明确"三单"传输的法律属性,从而也无法明确相应企业的法律地位和责任。

(五)跨境电商国际合作有待加强,经贸规则亟待确立

随着信息技术、互联网技术和跨境物流的不断完善,全球跨境网购消费者对中国优质商品的需求快速增长,跨境电商行业迅速发展。中国的跨境电商卖家不再满足于美国、加拿大等市场,而是纷纷开始拓展东南亚市场、非洲市场以及消费水平高、利润率高且增长潜力巨大的欧洲市场。但对于中国的跨境卖家来说,进入不同国家市场,在获得机遇的同时,也面临着种种挑战。国际上,各国海关没有成熟的、统一的适应跨境电商的监管制度,《世界海关组织跨境电商标准框架》中涉及的诸多概念仍然需要进一步明确,国际海关之间对话机制、数据交换标准和具体实施细则仍有待完善,中国海关与他国海关国际合作深度和广度均有待提升,多元共治的局面尚未形成。

四、解决思路

一是顺应互联网时代的发展趋势,强化跨境电商信息化管理体系建设,

实现数据驱动业务,构建智能化、协同化的监管新模式。二是完善跨境电商监管的法律法规体系。根据《电子商务法》《海关法》,以及检验检疫等相关上位法规定,对进出境物品监管体系进行宏观统筹和全面梳理,根据问题层级,从法律、法规、规章和操作规程等层面加以规范。三是确立跨境电商海关统计的法律地位和权威,确保统计口径科学性、一致性和严肃性。四是加强部门间、政企间的协作互动,形成协同共治。打破各方面"信息孤岛",防止监管套利。五是探索建立跨境电商进口商品质量安全风险监测机制,在国际上积极推进体系互信、监管互认、检测采信、全程追溯机制的建立。六是加强国际合作与交流,以"一带一路"和自贸区建设为突破口,推动我国跨境电商规则体系的国际化适用。

3 第三章　跨境电商统计制度

　　跨境电商实体货物交易规模的持续增长为全球经济的发展带来了重大机遇,既有利于培育发展新动能、构建贸易新模式、引领消费新趋势、创造就业新岗位,也为众多中小微企业参与全球经济带来了重大机遇,减少了其进入海外市场的准入障碍和成本。为了实现对跨境电商的高效管理,及时获取准确、全面的跨境电商统计数据非常重要。2019 年,国务院第 55 次常务会议明确提出"完善跨境电子商务统计体系"的要求,将我国跨境电商统计体系建设提上了重要日程。

第一节　跨境电商统计难点

　　跨境电商作为一种外贸新业态,兴起的历史较短。海关对跨境电商统计的研究也处于初始阶段,面临着制度方法匮乏、监测手段不足、原始数据难以采集等问题,要实现全面、及时、精准统计困难较大。

一、跨境电商的定义不明确,统计口径存在差异

　　目前,海关、地方政府部门对跨境电商的界定相对较窄,主要指分属不同关境的企业或个人,通过互联网平台达成交易并形成订单,同时伴随货物跨境物流送达的商品交易活动。而在其他部分统计主体当中,对跨境电商的界定或统计比较宽泛,例如将境内外主体通过平台询价、线下成交的也视为跨境电商,甚至将境内外主体通过电子邮件洽谈业务、网上银行付款的线

下交易等方式也视作跨境电商。跨境电商定义的内涵和外延不统一,易导致各方"数据打架",影响数据公信力。

二、跨境电商的渠道和模式多样,统计监测困难

从交易平台看,随着近年来跨境电商的迅猛发展,跨境电商平台激增,目前仍有一些平台数据尚未与管理部门联网,也未形成常态化的监测体系,对众多卖家企业实施统计调查也存在极大困难。从物流环节看,跨境电商货物进出口分散在已经申报的跨境电商进出口货物(监管方式为9610、1210 等)、普通进出口货物、快件渠道进出口货物、进出境邮递物品等业务当中,且跨境物流异地通关、海外仓储现象较为普遍,统计监测极为困难。

三、缺乏完善的统计制度,科学完整性面临挑战

当前各方针对跨境电商的统计调查处于探索起步阶段,尚缺乏系统性、规范化、常态化的制度设计和运行机制,均存在不同程度的漏统计、重复统计等问题,无法全面、准确反映跨境电商发展的实际规模和水平,以及对外贸和整体经济的促进作用,数据的科学完整性面临挑战,也容易引发外界甚至国际上对数据完整性、准确性的质疑。

第二节　国际跨境电商统计现状

基于跨境电商与传统国际贸易形态上的较大差异,现行海关以执法记录为依据的精准统计方式正显现出诸多不适应和局限性。如何通过理念创新、制度创新、模式创新、方法手段创新,建立适应以跨境电商为代表的新型贸易业态的进出境统计新规则新方法,成为以海关为代表的各国进出境管理部门所面临的重要课题。

一、世界海关组织的定义和统计建议

《世界海关组织跨境电商标准框架》所定义的跨境电商适用于 B2C 和 C2C 交易,但也鼓励成员将相同的原则和标准应用于 B2B 交易,该框架提出海关跨境电商测量和分析的原则为:

一是建立测量机制。海关应和相关政府部门一起与跨境电商利益相关方密切合作，根据国际统计标准和国家政策，准确获取、测量、分析和公布跨境电商统计数据，以便科学决策。

二是确定测量范围。跨境电商货物的统计应尽可能涵盖所有参与国际贸易各方的交易，包括 B2C 和 C2C 交易，鼓励将 B2B 交易纳入测量范围。

三是拓展数据采集来源。数据测量的主要来源包括海关、物流企业、邮政和快递运营商以及电商企业/平台的各个系统，可以根据国家政策和涉及的交易类型采用不同的方法，但不应给跨境电商利益相关方造成额外负担。

《世界海关组织跨境电商标准框架》鼓励海关开发通用的测量系统，利用世界海关组织数据模型收集数据，以确保所有国家获得高质量、可靠及可比较的统计数据。

二、当前各国跨境电商海关管理实践

截至目前，除中国、韩国、荷兰等少数国家（地区）海关或统计部门外，绝大多数国家（地区）的海关或统计部门均未建立针对跨境电商的进出口管理和统计制度。欧盟、美国、加拿大、日本、澳大利亚、新西兰、新加坡等经济体海关尽管加大了对低值小额货物的监管力度，但在海关管理和官方统计中，并未实现基于报关单的跨境电商精准识别和统计。

韩国海关的做法与我国类似，专门制订监管办法，用于识别跨境电商货物（类似我国的直购进出口，无网购保税模式）。

荷兰海关针对授权认证的与跨境电商相关的物流企业开发了便捷通关系统，以方便低值货物快速验放，但实际上不区分跨境电商货物。

三、当前各国跨境电商统计实践

绝大多数国家（地区）的贸易统计均以报关单为统计原始资料，由于缺乏能够识别跨境电商的报关单数据，目前，除我国和韩国海关外，其他国家外贸统计机构均尚未尝试开展跨境电商统计工作，也没有发布官方的跨境电商统计数据。以备货模式进出境的跨境电商货物按照普通货物清关后列入外贸统计，但因报关单无相应标识而无法识别。以直购模式进出境的小额包裹（即 B2C 的主要模式）按照海关申报起点予以区别：低于申报起点的不向海关申报，也不列入统计；高于申报起点的按普通货物申报并统计。

韩国海关的跨境电商统计仅限于按专门监管方式申报的货物，类似我国的跨境直购(监管方式9610),尚未建立全口径统计制度。

据了解,截至目前尝试开展全口径跨境电商统计工作的海关(或官方统计机构)仅有我国海关。

第三节　我国跨境电商海关统计制度

跨境电商统计是我国掌握跨境电商贸易状况、服务决策和管理的现实需求。由于跨境电商与传统国际贸易形态上的较大差异,以及联网监管不可能全覆盖的现实,海关以行政记录为依据的统计方式,无法满足反映跨境电商整体规模的统计数据需求。其他政府部门以及第三方机构出于管理或咨询等需要,也各自在探索跨境电商统计,并公布相应的统计数据。但由于种种局限性,这些统计数据缺乏科学可靠的验证,其准确性、严谨性和权威性难以得到保证。

海关统计作为我国对外贸易的官方统计,从2013年以来,顺势作为,逐步探索出一套有别于传统货物贸易统计模式的跨境电商统计新体系,以期用全面、准确、统一、权威的数据,更好地发挥海关统计服务政府决策、服务宏观管理、服务企业和社会大众的职能。

一、海关对跨境电商的狭义贸易统计

(一)海关狭义跨境电商统计的概念

(1)概念。受海关统计资料来源的限制,海关对跨境电商的狭义统计,并没有涵盖跨境电商的全业态,而是根据海关的监管方式结合物流渠道进行统计。自2012年开展跨境电商试点工作以来,逐步形成了网购保税进口、零售直购进口、零售一般出口、特殊区域出口、B2B直接出口、B2B出口海外仓等6种跨境电商监管模式,以及9610、1210、1239、9710和9810等5种监管代码。

(2)监管与数据传输模式。海关总署2018年194号公告明确海关对跨境电商的监管范围为:跨境电商企业、消费者(订购人)通过跨境电商交易平台实现零售进出口商品交易,以及对企业出口或出口海外仓的货物,并根据海关要求传输相关交易电子数据的,按照本公告接受海关监管。公告提及的"按海关要求传输相关交易电子数据"是指根据海关总署2016年26号公

告要求,"跨境电商零售进出口商品申报前,企业应当通过跨境电商通关服务平台如实向海关传输交易、支付(收款)、物流等电子信息,即'三单'信息,向海关申报跨境电商进出口清单,并完成通关、验放手续"。

(二)统计范围

结合 WCO 对跨境电商的定义,海关狭义跨境电商统计范围为:分属不同关境的贸易(交易)主体通过电商平台达成交易,在线生成订单,实际跨境交付,并以海关跨境电商专有监管方式进行通关的有形货物。

(三)统计原始资料

根据海关规定,对于以 1210 和 1239 两种监管方式进行通关的跨境电商货物,电商企业或其代理人应在海关 H2018 系统中提交《中华人民共和国海关进(出)口货物报关单》(以下简称"报关单"。)

对于以 9610 监管方式进行通关的跨境电商货物,应分别在海关跨境电商进(出)口统一版系统中提交《中华人民共和国海关跨境电子商务零售进(出)口商品申报清单》(以下简称"申报清单")。申报清单与报关单具有同等法律效力。电商企业或其代理人还可以根据自身需求选择是否将申报清单按规则在 H2018 系统中生成汇总报关单。

对于以 9710 和 9810 两种监管方式进行通关的跨境电商货物,电商企业或其代理人应酌情申报报关单或申报清单。

海关以不重复统计为原则,分别采集以上报关单和申报清单作为狭义跨境电商统计的原始资料。

(四)统计指标

报关单的申报指标包含收发货人、监管方式、运输方式、毛重、启运国/抵运国、贸易国、商品名称、商品编码、数量和单位、统计金额、原产国/最终目的国等共 49 项可统计指标。

申报清单中除以上报关单中的常规申报指标之外,还包括电商平台代码、电商企业代码、物流企业代码等明显具有跨境电商属性的指标。进口申报清单共有 61 项可统计指标,详见表 3-1;出口申报清单共有 58 项可统计指标,详见表 3-2。

表 3-1　中华人民共和国海关跨境电子商务零售进口商品申报清单

序号	中文名称	必填项	说明
清单表头			
1	预录入编号	否	电子口岸的清单编号(B+8位年月日+9位流水号)
2	订单编号	是	电商平台的原始订单编号
3	电商平台代码	是	电商平台识别标识
4	电商平台名称	是	电商平台名称
5	电商企业代码	是	电商企业的海关注册登记(备案)编码(18位)
6	电商企业名称	是	电商企业的海关注册登记(备案)名称
7	物流运单编号	是	物流企业的运单包裹面单号
8	物流企业代码	是	物流企业的海关注册登记(备案)编码(18位)
9	物流企业名称	是	物流企业的海关注册登记(备案)名称
10	担保企业编号	否	需与清单有关企业一致(电商企业或平台,申报企业)
11	账册编号	否	保税模式填写具体账号,用于保税进口业务在特殊区域辅助系统记账(二线出区核减)
12	清单编号	否	海关审结的清单编号(4位关区+4位年+1位进出口标记+9位流水号)
13	进出口标记	是	I——进口,E——出口
14	申报日期	是	申报时间以海关入库反馈时间为准,格式:YYYYMMDD
15	申报地海关代码	是	
16	进口口岸代码	是	商品实际出我国关境口岸海关的关区代码 JGS/T 18《海关关区代码》
17	进口日期	是	时间格式:YYYYMMDD
18	订购人证件类型	是	1——身份证;2——其他
19	订购人证件号码	是	海关监控对象的身份证号
20	订购人姓名	是	海关监控对象的姓名,要求个人实名认证
21	订购人电话	是	海关监管对象的电话,要求实际联系电话
22	收件人地址	是	收件人的地址,实际为运单收货人地址,不一定为个人实名认证的订购人住址

续　表

序号	中文名称	必填项	说明
23	申报企业代码	是	申报单位的海关注册登记代码(18位)
24	申报企业名称	是	申报单位的海关注册登记名称
25	区内企业代码	否	网购保税模式必填,用于区内企业核扣账册
26	区内企业名称	否	网购保税模式必填,用于区内企业核扣账册
27	监管方式	是	默认为1210/9610区分保税或一般模式
28	运输方式	是	海关标准的参数代码《JGS-20海关业务代码集》——运输方式代码。直购指跨境段物流运输方式。网购保税按二线出区
29	运输工具编号	否	直购进口必填。进出境运输工具的名称或运输工具编号填报内容应与运输部门向海关申报的载货清单所列相应内容一致,同报关单填制规范
30	航班航次号	否	直购进口必填。进出境运输工具的航次编号
31	提运单号	否	直购进口必填。提单或运单的编号,直购必填
32	监管场所代码	否	针对同一申报地海关下有多个跨境电商的监管场所,需要填写区分;海关特殊监管区域或保税物流中心(B型)不需要填报
33	许可证号	否	商务主管部门及其授权发证机关签发的进出口货物许可证的编号
34	启运国(地区)	是	直购模式填写
35	运费	是	物流企业实际收取的运输费用
36	保费	是	物流企业实际收取的商品保价费用
37	币制	是	人民币(代码:142)
38	包装种类代码	否	海关对进出口货物实际采用的外部包装方式的标识代码,采用1位数字表示,如:木箱、纸箱、桶装、散装、托盘、包、油罐车等
39	件数	是	件数(包裹数量)
40	毛重(千克)	是	商品及其包装材料的重量之和,计量单位为千克
41	净重(千克)	是	商品的毛重减去外包装材料后的重量,即商品本身的实际重量,计量单位为千克
42	备注	否	

序号	中文名称	必填项	说明
清单表体			
43	序号	是	从1开始连续序号(一一对应关联电子订单)
44	账册备案料号	否	1210保税进口二线出区业务(必填),支持保税模式的账册核扣
45	企业商品货号	否	电商平台自定义的商品货号(SKU)
46	企业商品品名	否	电商平台的商品品名
47	商品编码	是	海关对进出口货物规定的类别标识代码,采用海关综合分类表的标准分类,总长度为10位数字代码,前8位由国务院关税税则委员会确定,后2位由海关根据代征税、暂定税率和贸易管制的需要增设
48	商品名称	是	中文名称,同一类商品的名称。任何一种具体商品可以并只能归入表中的一个条目
49	商品规格型号	是	以满足海关归类、审价以及监管的要求为准,包括品名、牌名、规格、型号、成分、含量、等级等
50	条形码	否	商品条形码一般由前缀部分、制造厂商代码、商品代码和校验码组成。没有条形码填"无"
51	原产国(地区)	是	按海关标准的参数代码《JGS-20 海关业务代码集》国家(地区)代码表填写代码
52	币制	是	人民币(代码:142)
53	数量	是	
54	法定数量	是	
55	第二数量	否	
56	计量单位	是	海关标准的参数代码《JGS-20 海关业务代码集》——计量单位代码
57	法定计量单位	是	海关标准的参数代码《JGS-20 海关业务代码集》——计量单位代码
58	第二计量单位	否	海关标准的参数代码《JGS-20 海关业务代码集》——计量单位代码
59	单价	是	成交单价
60	总价	是	
61	备注	否	

表 3-2　中华人民共和国跨境电商零售出口商品申报清单

序号	中文名称	必填项	说明
清单数据表头			
1	申报海关代码	是	办理通关手续的 4 位海关代码 JGS/T 18《海关关区代码》
2	申报日期	是	申报时间以海关审批反馈时间为准，格式：YYYYMMDDhhmmss
3	预录入编号	否	电子口岸生成标识清单的编号（B＋8 位年月日＋9 位流水号）
4	订单编号	是	电商平台的原始订单编号
5	电商平台代码	是	电商平台的海关注册登记编码
6	电商平台名称	是	电商平台的海关注册登记名称
7	物流运单编号	是	物流企业的运单包裹面单号
8	物流企业代码	是	物流企业的海关注册登记编码
9	物流企业名称	是	物流企业的海关注册登记名称
10	清单编号	否	海关审结生成标识清单的编号（4 位关区＋4 位年＋1 位进出口标记＋9 位流水号）
11	进出口标记	是	I——进口，E——出口
12	出口口岸代码	是	商品实际出我国关境口岸海关的关区代码 JGS/T 18《海关关区代码》
13	出口日期	是	时间格式：YYYYMMDD
14	生产销售单位代码	是	出口发货人填写海关企业代码
15	生产销售单位名称	是	实际发货人的企业名称
16	收发货人代码	是	一般指电商企业的海关注册登记代码
17	收发货人名称	是	一般指电商企业的海关注册登记名称
18	报关企业代码	是	申报单位的海关注册登记代码
19	报关企业名称	是	申报单位的海关注册登记名称
20	区内企业代码	否	针对保税出口模式，区内仓储企业代码，用于一线出区核减账册

序号	中文名称	必填项	说明
21	区内企业名称	否	针对保税出口模式,区内仓储企业名称
22	贸易方式	是	默认为9610,可以为1210保税模式,支持多种跨境贸易方式
23	运输方式	是	海关标准的参数代码《JGS-20海关业务代码集》——运输方式代码
24	运输工具名称	否	进出境运输工具的名称或运输工具编号。填报内容应与运输部门向海关申报的载货清单所列相应内容一致,同报关单填制规范
25	航班航次号	否	进出境运输工具的航次编号
26	提(运)单号	否	提单或总运单的编号
27	总包号	否	物流企业对于一个提运单下含有多个大包的托盘编号(邮件为邮袋号)
28	监管场所代码	否	针对同一申报地海关下有多个跨境电商的监管场所,需要填写区分
29	许可证号	否	商务主管部门及其授权发证机关签发的进出口货物许可证的编号
30	运抵国(地区)	是	出口货物直接运抵的国家(地区),按《JGS-20海关业务代码集》国家(地区)代码表填写代码
31	指运港代码	是	出口运往境外的最终目的港的标识代码。最终目的港不可预知时,应尽可能按预知的目的港填报
32	运费	是	物流企业实际收取的运输费用
33	运费币制	是	海关标准的参数代码《JGS-20海关业务代码集》——货币代码
34	运费标志	是	1——率,2——单价,3——总价
35	保费	是	物流企业实际收取的商品保价费用
36	保费币制	是	海关标准的参数代码《JGS-20海关业务代码集》——货币代码
37	保费标志	是	1——率,2——单价,3——总价
38	包装种类代码	是	海关对进出口货物实际采用的外部包装方式的标识代码,采用1位数字表示,如木箱、纸箱、桶装、散装、托盘、包、油罐车等

序号	中文名称	必填项	说明
39	件数	是	件数（包裹数量）
40	毛重（千克）	是	商品及其包装材料的重量之和，计量单位为千克
41	净重（千克）	是	商品的毛重减去外包装材料后的重量，即商品本身的实际重量，计量单位为千克
42	备注	否	
清单数据表体			
43	商品项号	是	从1开始连续序号，与订单序号保持一致
44	企业商品编号	否	企业内部对商品唯一编号
45	海关商品编码	是	海关对进出口商品规定的类别标识代码，采用海关综合分类表的标准分类，总长度为10位数字代码，前8位由国务院关税税则委员会确定，后2位由海关根据代征税、暂定税率和贸易管制的需要增设
46	商品名称	是	同一类商品的名称。任何一种具体商品可以并只能归入表中的一个条目
47	规格型号	是	以满足海关归类、审价以及监管的要求为准，包括品名、牌名、规格、型号、成分、含量、等级等
48	条形码	是	商品条形码一般由前缀部分、制造厂商代码、商品代码和校验码组成。没有条形码填"无"
49	最终目的国（地区）代码	是	按海关标准的参数代码《JGS-20海关业务代码集》国家（地区）代码表填写代码
50	币制	是	海关标准的参数代码《JGS-20海关业务代码集》——货币代码
51	申报数量	是	
52	法定数量	是	
53	第二数量	否	
54	申报计量单位	是	海关标准的参数代码《JGS-20海关业务代码集》——计量单位代码
55	法定计量单位	是	海关标准的参数代码《JGS-20海关业务代码集》——计量单位代码
56	第二计量单位	否	海关标准的参数代码《JGS-20海关业务代码集》——计量单位代码

续　表

序号	中文名称	必填项	说明
57	单价	是	成交单价
58	总价	是	总价＝成交数量×单价

(五)统计方法

海关狭义跨境电商统计进出口总值＝网购保税进口值＋零售直购进口值＋零售一般出口值＋特殊区域出口值＋企业对企业出口值＋出口海外仓值。

其中:(1)网购保税进口值来源于海关进口报关单中监管方式代码为1210和1239的记录。(2)零售直购进口值来源于海关跨境电商进口统一版系统中的申报清单,监管方式代码为9610。进口清单采取"清单核放"方式办理报关通关手续,直接将进口清单汇总进行统计。(3)零售一般出口值来源于海关跨境电商出口统一版系统中的申报清单,监管方式代码为9610。部分出口清单采取"清单核放、汇总申报"方式办理报关通关手续,该部分出口值是将出口报关单中监管方式代码为9610的记录进行汇总统计;其他出口清单采取"清单核放、汇总统计"方式办理报关通关手续,不再在H2018系统中进行汇总申报,因此直接将该部分出口清单汇总进行统计。海关系统功能设置能确保此两种不同模式不会进行重复统计。(4)特殊区域出口值来源于海关跨境电商出口统一版系统中的申报清单,监管方式代码为1210。(5)企业对企业出口值和出口海外仓值均来源于海关跨境电商出口统一版系统中的申报清单和H2018通关系统中的报关单。监管方式代码为9710和9810。

(六)狭义跨境电商统计存在的问题

海关狭义跨境电商统计填补了海关对跨境电商统计的空白。从数据采集方式上来说,这也是在海关统计历史上具有里程碑意义的事件,突破了历年来仅从海关报关单中获取统计资料的方式,开创性地将进出口清单直接作为统计资料。但狭义跨境电商统计存在明显局限:未能全面涵盖跨境电商所有物流渠道,未能全面反映跨境电商业态整体发展状况。具体表现在以下两个方面。

(1)未通过海关跨境电商管理平台进出境的跨境电商货物已纳入海关

贸易统计,但未单列为跨境电商分类统计。这部分跨境电商货物,大多采用一般贸易、市场采购等贸易方式,通过海关通关系统进行申报和验放,已经纳入进出口贸易统计。以 C 类快件形式进出口的跨境电商货物,通过海关快件管理系统进行申报和验放,并纳入进出口贸易统计。但由于目前尚未有明确的方法手段将属于跨境电商的数据分辨出来,因此以上货物虽然已经纳入进出口贸易统计,但并没有列入海关狭义跨境电商统计范畴。

(2)经邮快件渠道进出境的跨境电商商品,虽已逐步纳入统计,但将其中跨境电商成分予以明确区分,仍存在困难。2018 年之前对于邮快件渠道物品,海关按照物品管理规定进行监管和验放,按照贸易统计制度,不纳入统计。鉴于通过该渠道进出境的跨境电商等商品,已具有货物属性,海关从 2018 年起逐步将这部分货物纳入统计,但未纳入狭义跨境电商统计。

二、海关跨境电商业态全口径统计

(一)发展阶段

海关狭义跨境电商贸易统计存在的问题,实际上反映的是海关传统统计方法的局限和数据获取能力的不足。由于跨境电商与传统国际贸易在形态上的较大差异,现行海关以行政记录为依据的精准统计方式,无法满足反映跨境电商整体规模的统计数据需求。海关统计作为对外贸易的官方统计,主动作为,勇于创新,在保留原有按监管方式分类进行狭义跨境电商贸易统计的基础上,提出了跨境电商业态统计的概念,即在遵守国际贸易统计规则和不影响贸易统计完整性、准确性的前提下,探索全面反映跨境电商业态发展总体规模和水平的全口径统计。探索跨境电商业态全口径统计是一项充满挑战的创新工作,目前已经历了两个阶段。

(1)企业调查阶段(2017 年)。海关设置的跨境电商专用监管方式均是基于企业的自主申报,而实际上某些跨境电商由于受诸多因素影响未必以这些监管方式申报进出境,导致部分跨境电商数据游离在小商品贸易以及其他普货贸易等常规贸易方式中。因此,海关统计需要打破原有行政记录的单一统计资料来源,通过统计调查手段获得补充统计资料。2017 年,海关总署、商务部、国家统计局开展了跨境电商进出口货物统计试点工作,试点城市是浙江省杭州市和广东省广州市,并据此测算全国跨境电商进出口总体规模。测算主要根据海关监管的不同物流模式,将跨境电商分为五种类型:一是已申报的跨境电商进出口货物,二是快件渠道进出口货物,三是进出口邮递物品,四是进出口货物类小商品,五是其他进出口普通货物。除第一类数据可以直接来源于海关行政记录外,其他四类情况均需在企业申报的相应行政记录的基础上,向企业进行统计调查,了解每种物流通关类型商品中跨境电商的占比情况,从而测算总体规模。

此次调查存在试点范围小、企业信息不全、调查质量不高等问题。但通过调查对进出口企业参与跨境电商情况,以及跨境电商平台、物流、支付企业有了初步了解,为日后平台调查奠定基础。

(2)平台调查阶段(2018—2021年)。从主要面向进出口收发货人的调查转为主要面向跨境电商平台企业的调查。对进口和出口采取不同的测算思路和方法。通过“行政记录”“平台调查”以及“资料补充”三者相结合的方法,全面统计跨境电商货物的进出口规模,准确测算海关跨境电商通关平台、普通货物、邮快件等各渠道进出境的规模比例。

(二)基本原则

海关跨境电商业态全口径统计测算遵循以下原则:

一是完整性原则。坚持统筹规划,系统设计跨境电商统计制度,规范统计范围、指标体系、测算方法和发布机制,拓展数据采集来源,涵盖各跨境电商利益相关方,全面反映跨境电商业态发展状况。

二是真实性原则。科学制订统计调查方案,建立健全多方合作机制和数据质量保障机制,确保数据的真实可靠,提高原始数据的可追溯性,增强统计制度的可操作性和统计数据的权威性。

三是创新性原则。坚持创新引领,提高海关统计反映新业态和解决新问题的能力。不局限于传统海关统计方法,而应综合运用科技和统计调查等手段,不断优化大数据与电商背景下的跨境电商统计方法,完善跨境电商等外贸新业态的统计制度体系。

四是独立性原则。跨境电商统计是一种新的统计产品。其统计方法和数据应用均区别于传统的海关贸易统计和业务统计,是反映跨境电商业态规模和发展状况的单列统计,与贸易统计、业务统计不是加总关系,在统计方法、核算模型和工作机制等方面均有明显差异。

（三）统计范围

跨境电商业态全口径统计范围为：分属不同关境的贸易（交易）主体通过电子商务平台达成交易，在线生成订单，并实际跨境交付的有形货物。由此在物流通关渠道上，跨境电商业态全口径统计覆盖了通过海关跨境电商管理平台、邮快件渠道，以及通过一般贸易、加工贸易等方式办结海关手续后在网上销售的进出口货物。在业态模式上，跨境电商业态全口径统计覆盖了 C2C、B2C、B2B2C 等指向消费者的零售模式，以及跨境环节不直接指向消费者的 B2B 非零售模式。

（四）统计资料和统计指标

海关跨境电商业态全口径统计的统计资料突破了传统海关统计仅以海关行政记录为统计资料的局限，广泛采用适应大数据背景的统计调查手段和统计测算方法，最终获取统计结果。统计资料主要包括以下方面。

（1）海关数据：包括海关跨境电商进（出）口统一版系统清单数据、快件系统电子数据以及邮件业务统计数据等。

（2）境内电商平台调查数据：通过对一定规模以上的电商平台企业开展调查问卷，收集交易规模、主要进出口国别、主要商品品类及相关物流渠道等相关数据。进口和出口调查内容详见表 3-3 和表 3-4。

表 3-3　跨境电商进口统计调查表

1　基本信息				
统计期间	起始年月		终止年月	
平台名称				
平台网址			企业类型	
企业名称			统一社会信用代码	
填报人/联系人 1	联系电话		单位及职务	
填报人/联系人 2	联系电话		单位及职务	

2	进口总额		
2.1　按进出境渠道	2.1.1　经海关跨境电商管理平台进口额		
	2.1.2　未经海关跨境电商管理平台进口额		
	2.1.2.1　自主进口额		
	2.1.2.1.1　经普通货物渠道进口额		
	2.1.2.1.2　经邮快件渠道进口额		
	2.1.2.2　非自主进口额		
2.2　按境内销售类型	2.2.1　平台自营销售额		
	2.2.2　第三方销售额		
2.3　按来自国/地区	前5位	来自国家/地区名称	金额
	2.3.1		
	2.3.2		
	2.3.3		
	2.3.4		
	2.3.5		
2.4　按商品品类	2.4.1　消费品进口额		
	前3位	品类类别	占比/%
	2.4.1.1		
	2.4.1.2		
	2.4.1.3		
	2.4.2　生产资料进口额		
	序号	品类类别	占比/%
	2.4.2.1	初级产品	
	2.4.2.2	工业中间品	
	2.4.2.3	资本品	
3	备注		

表 3-4　跨境电商出口统计调查表

1　基本情况				
统计期间	起始年月		终止年月	
平台名称				
平台网址		企业类型		
企业名称		统一社会 信用代码		
填报人/联系人 1	联系电话		单位及职务	

1　基本情况			
填报人/联系人 2	联系电话		单位及职务

2　出口总额			
2.1　按进出境渠道	2.1.1　经海关跨境电商管理平台出口额		
	2.1.2　未经海关跨境电商管理平台出口额		
	2.1.2.1　自主出口额		
	2.1.2.1.1　经普通货物渠道出口额		
	2.1.2.1.2　经邮快件渠道出口额		
	2.1.2.2　非自主出口额		
2.2　按境外销售类型	2.2.1　由境外自营平台销售额		
	2.2.2　在境外第三方平台销售额		
2.3　按目的国/地区	前 5 位	目的国/地区名称	金额
	2.3.1		
	2.3.2		
	2.3.3		
	2.3.4		
	2.3.5		
2.4　按商品品类	2.4.1　消费品出口额		
	前 3 位	品类类别	占比/%
	2.4.1.1		
	2.4.1.2		
	2.4.1.3		

续　表

2.4　按商品品类	2.4.2　生产资料出口额		
	序号	品类类别	占比/%
	2.4.2.1	初级产品	
	2.4.2.2	工业中间品	
	2.4.2.3	资本品	
3　备注			

（3）境外电商平台财报数据：通过公开财报收集亚马逊、eBay 等规模较大的境外平台的销售数据，根据财报公布的方式不同，直接获取平台 GMV 数据（交易总额），将其折算为商品交易结算额，或者获取平台的营收数据再通过辅助数据测算其商品交易结算额。

（4）其他电商相关方访谈数据：向物流企业、跨境电商大卖家、支付企业等电商相关企业了解物流、支付等费用在跨境电商销售成本中的比例，平台的收入构成等信息；同时通过抽样调查的方式了解邮件包裹中的电商货物比例和平均价值，作为完成各项测算的辅助数据。

由于统计资料来源的多样性和局限性，目前业态测算的统计指标还无法做到与海关狭义跨境电商统计一样全面，仅限于贸易国别、物流方式、商品品类等主要分类项下反映跨境电商规模的金额指标。

（五）统计方法

海关跨境电商业态全口径统计测算根据跨境电商零售货物进口和出口的不同特点采用不同的统计测算方法。

（1）进口测算。进口测算由以下几部分组成：①收集经海关跨境电商进口统一版申报的进口数据；②根据跨境电商占比测算邮快件渠道进口数据；③通过调查问卷收集上报未经平台申报的进口数据。

（2）出口测算。出口测算由以下几部分组成：①通过调查问卷收集上报的境内平台出口数据；②通过境外平台财报及市场比例测算通过境外平台出口的数据。由于受政策吸引力不足等多种因素影响，目前仅有小部分跨境电商出口货物通过海关跨境电商出口统一版申报出境，企业还可以选择邮快件渠道出境，更多的是通过普通货物的方式出境，无法通过报关单数据项目予以识别。且由于境外平台在技术上无法成为海关统计调查对象，因此出口测算是通过公开途径收集跨境电商主要平台企业发布的财报资料来测算境外平台的中国跨境电商规模。其他海关统计的出口数据作为测算验证依据。

跨境电商统计测算方法主要是以统计调查为基础,收集各类数据来测算我国跨境电商业态总体规模,但在数据收集过程中,存在诸多难点和问题。一是电商平台企业新陈代谢快、规模变化迅速,对统计方法的稳定性形成挑战。二是跨境电商业务模式变化迅速,企业经营模式往往尚未细分和稳定,调查问卷数据质量难以保证。三是跨境电商平台的收入模式、商品来源等受到贸易环境、企业经营方向调整等多种因素的影响,可能会有较大的变化,部分访谈和调研结果时效性不足,影响测算的时效和质量。如美国退出万国邮联、加征关税等政策,一定程度上都会影响中国产品在跨境电商领域的竞争力,或许将影响中国商品在各大境外平台的销售份额。四是跨境电商的地域边界性不强,全口径测算主要是以测算总体规模为主,结构化分析上存在欠缺。由于以采取调查问卷收集数据为主,数据的颗粒度细化程度不高,特别是商品品类和境内收发货地的数据准确度无法与海关传统统计结果相比。

(六)统计结果与发布

截至 2021 年底,海关统计部门已经完成 6 次年度全国调查,2 次半年度全国调查和 1 次重点平台的补充调查。目前,海关测算结果已对外公布。该测算结果经过多类数据验证,客观可信,不仅大幅度向上修正了海关狭义跨境电商统计的不足,也大幅度向下修正了其他机构统计高估的缺陷,为领导决策和宏观管理提供了新的更有意义的参考依据。测算结果得到广泛认可。我们相信,随着业态统计的不断完善,一定会得到更广泛的肯定和应用。

三、海关对跨境电商的其他统计

海关除对跨境电商进行贸易统计外,也在逐步开展一些专项统计工作,目前主要供内部管理使用。

(一)单项统计

海关跨境保税进口货物从境外入区时(俗称"一线")列入海关贸易统计

范畴。网上订单达成之后,从区内进入境内区外的出区商品(俗称"二线"),企业需向海关跨境电商进口统一版系统进行申报,海关对其实施单项统计。单项统计数据用于展现已经达成订单进入流通环节的保税跨境电商规模情况,尤其适用于了解"双 11"或电商平台大促等特别区段的规模情况。

(二)业务统计

海关业务统计是海关统计工作的组成部分,是海关管理过程和管理结果的反映。为适应跨境电商业务的发展,海关于 2019 年新增跨境电商平台业务统计指标,对以海关跨境电商专有监管方式通关的狭义跨境电商进行业务统计,具体包括"平台清单数""平台报关单数""平台货值"和"平台征收税款"四个指标。

海关对跨境电商的狭义贸易统计、业态统计和单项统计各有特点和用途,三者构成了一个从不同角度全面反映跨境电商发展和监管实际状况的完整体系,更好地满足不同的应用需求。

第四节　我国其他社会机构跨境电商统计情况

鉴于跨境电商统计的重要性以及各方对跨境电商统计数据的广泛需求,商务部门、统计部门等其他政府机关以及第三方社会机构也在积极探索推进跨境电商统计工作。

一、其他政府机构跨境电商统计情况

为获取跨境电商的整体规模数据,其他跨境电商管理机构及统计机构也曾开展跨境电商统计工作,但自 2017 年后,不再公布单独估算的跨境电商规模,而是以海关公布的狭义跨境电商统计数据为准。例如:(1)杭州市统计部门依托涵盖"四上"规模企业的跨境电商企业名单表,由企业以财务报表数据为基础自主填报跨境电商年度规模,并与相关部门紧密合作,研究制定了《中国(杭州)跨境电子商务综合试验区统计监测体系试点方案》。(2)杭州跨境电商综试办在跨境电商"单一窗口"上建立了企业自主申报制度。

但是,这些跨境电商政府统计在数据全面覆盖和防止重复统计、数据验

证方面尚未有成体系的科学有效手段。

二、跨境电商社会统计情况

在跨境电商快速发展、社会对跨境电商数据需求不断扩大的背景下,对跨境电商实施统计的第三方社会机构队伍也在不断壮大。

(一)社会机构跨境电商统计方法

社会上与跨境电商相关的研究机构通常会定期发布跨境电商统计数据,但一般不公开其统计方法,外界难以评判其科学性和准确性。从调研交流情况看,或是以收集的政府发布数据、企业公开财务报表数据、电商企业公开数据以及实地调研获取的信息等为基础,分析计算跨境电商规模,或是以企业抽样数据为基础推算得出跨境电商规模。这些数据与现有的政府统计在概念定义、口径认定、统计方法上存在明显差异,大多采取的是广义的跨境电商概念,一定程度上仅反映了电商渗透的概念。例如:(1)某电商研究院通过其跨境大数据测算得出,2015 年中国跨境电商交易规模达 4.8 万亿元,同比增长 28%,占中国进出口总值的 19.5%;其发布的研究报告显示,预计到 2020 年,中国跨境电商交易规模将达 12 万亿元,占中国进出口总值的约 37.6%。(2)某产业研究院发布的《中国跨境电商产业园发展模式与产业整体规划研究报告》统计数据显示,2013 年中国跨境电商交易规模已达 2.7 万亿元,并呈现逐年快速增长态势。2015 年中国跨境电商交易规模突破 5 万亿元。2017 年中国跨境电商交易规模增长至 7.6 万亿元,同比增长 20.63%。2018 年中国跨境电商交易规模达到 9.1 万亿元,同比增长 19.5%。该机构还预测,中国跨境电商交易规模将保持高度增长。

以上可见社会统计与海关公布的同时期海关狭义跨境电商规模相比,差距巨大。

(二)社会机构跨境电商统计的问题

社会机构的跨境电商统计主要存在以下问题:(1)统计资料采集缺少客观依据和手段,具有一定主观性,说服力不足。(2)社会机构公布跨境电商数据缺少法律约束力,对数据真实性、准确性承担法律和经济责任的压力较轻。(3)商业机构统计数据通常还带有一定商业目的,包括引起投资人关注、吸引市场资金、倒逼政府出台配套政策等。结合商业案例看,容易受商业利益影响,因此具有明显的局限性。(4)社会机构跨境电商统计大多采用宽泛的跨境电商范畴,包括仅仅通过网络询盘后达成线下交易的商业活动。询盘行为与订单实际达成因果不明确,存在扩大跨境电商交易额的风险;询盘行为缺乏准确的统计标准,无法明确统计边界,并且线上线下概念模糊,不利于保障统计科学性;询盘行为具有极大的不确定性,不利于统计方法的稳定性。(5)难以确定社会机构跨境电商统计方法中是否对于"政府发布数据、企业财报数据等各种不同来源数据的相互验证"以及"如何剔除重复性"等问题进行了充分考量并予以科学解决。

第五节　我国跨境电商统计展望

我国跨境电商统计走过了从无到有、从多点开花到以海关官方统计为准、从狭义统计到业态全口径统计不断完善的过程。经过近几年的实践探索,我国跨境电商统计已经实现了多次突破,为建立完善的跨境电商统计体系奠定了坚实的基础。但就目前的阶段来看,现有的统计制度体系与各方对于跨境电商的统计数据需求还存在比较大的落差,海关统计与社会统计之间数据的不一致,也给数据使用者造成困惑。因此,亟须完善跨境电商统计体系,以更好地了解跨境电商发展规模,更有效地制定相关政策,促进我国跨境电商产业发展,乃至促进我国外贸和经济发展方式转型。而要实现这一目标必须做到:一是全面、正确理解各统计口径下跨境电商的本质内涵,明确界定跨境电商的概念定义、统计范围和口径等,消除引起数据冲突的根源;二是坚持改革创新和顶层设计原则,在试点方案基础上进一步完善适合跨境电商特点和管理要求的统计监测体系,并复制推广,从制度和技术上解决问题;三是明确职责分工,实现数据归口管理,做到政府部门数出一门。

4

第四章　跨境电商进口商品质量安全评估

　　跨境电商进口商品多为和消费者健康安全息息相关的消费品,一旦出现大规模的质量安全事故,可能会造成无法挽回的后果。但在实际监管中,由于跨境电商进口商品按照个人自用物品管理,对其不执行有关商品首次进口许可批件、注册或备案要求①。因此,跨境电商进口商品质量安全无法依靠传统手段加以防控,亟须建立一套适应跨境电商进口商品特点的质量安全评估体系,对质量安全风险进行全面监测、科学评估、及时预警、精准处置和有效管控,按照"风险可控,源头可溯,责任可究"的原则,保障消费者权益和安全。课题组根据跨境电商进口商品质量安全的主要表现形式,以及国内外商品质量安全防控的主要模式,提出开展跨境电商进口商品质量安全评估的思路和框架,建立质量安全评估指标体系和评估模型,并尝试运用实务中获得的数据开展评估的实证分析。

第一节　跨境电商进口商品质量安全防控现状

　　由于跨境电商进口商品具有产品种类多、申报批次多、单批货值小、来源渠道杂等特点,其质量安全的表现形式更复杂,监管难度更大。其主要具有以下特点。

---

　　①　详见海关总署公告 2018 年 194 号《关于跨境电子商务零售进出口商品有关监管事宜的公告》。

一、涉及安全卫生环境等重大风险突出

跨境电商进口商品质量安全问题与消费者健康安全息息相关,也对公共卫生和生态环境安全带来威胁,商品质量安全风险不容乐观。跨境电商国家权威监测机构检测结果显示,近年来跨境电商进口商品质量安全抽检不合格率在 16%－20% 之间。主要问题包括安全隐患、品质规格不符合要求、虚假宣传等,不合格商品主要集中在休闲食品、保健食品、保湿类化妆品、儿童服饰、功能性服饰、小家电、仿真饰品、一次性卫生用品、文具、玩具、家纺等消费品上。同时,疫病疫情、外来物种入侵等卫生环境风险也随着跨境电商的发展而急剧升高。2017 年我国从旅检行邮渠道截获禁止进境物68.19 万批次,同比增长 16.48%。经实验室检测,上述禁止进境物中含有害生物共计 8.53 万批次,同比增长 7.18%①。

二、跨境电商进口商品质量安全主体缺位

从市场主体看,不少跨境电商企业以国外商场超市扫货或者从非正规代理商处进货为主,产品来源不正规,渠道难以控制,商品难以溯源,质量安全难以保证。因此,虽然很多电商企业和平台提出预赔付承诺,试行无条件退货,但由于环节众多,配套法规不完善,退货难、索赔难现象较为普遍,消费者权益难以得到保障。从监管主体看,为提高跨境电商商品质量安全风险防控能力,2017 年国务院发布的《国务院关于完善进出口商品质量安全风险预警和快速反应监管体系 切实保护消费者权益的意见》,对进一步完善进出口商品质量安全风险预警监管体系提出很高的要求。海关作为跨境电商零售进口商品实施质量安全风险监测的责任单位,由于跨境电商零售进口商品不实行许可证、通关单等管理措施,质量安全防控手段和能力较为有限,必须与市场监管等其他监管主体联防联控,方能有效落实风险防控的主体责任。

三、跨境电商进口商品质量安全风险防控体系不健全

目前中国已成立"跨境电子商务商品质量安全风险国家监测中心"(以下简称"国家监测中心"),主要通过对跨境电商大数据的分析、挖掘,对商品质量安全进行评估、预警。但从实际运行效果看,目前以国家监测中心为核心的跨

---

① 王晓东:《我国去年从进境旅客携带邮寄物截获近 70 万批次禁止进境物》,《中国日报网》2018-01-30。

境电商商品质量安全风险防控体系尚不完善,主要表现为:一是法律依据不足。目前跨境电商商品质量安全风险监管主要依据《关于完善跨境电子商务零售进口监管有关工作的通知》(商财发〔2018〕486号)和海关总署公告2018年194号文件《关于跨境电商零售进出口商品有关监管事宜的公告》,法律层级不高且涉及范围不全。二是风险线索有限。目前跨境电商商品质量安全风险线索主要来源于海关执法、商品抽检、官方通报信息等,来源较为有限,且信息的时效性、准确性和有效性难以保证,难以全面准确及时反映风险状况。三是风险评估缺失。目前既无权威的评估机构,亦缺评估依据和技术标准,风险评估缺失造成风险管理难以有效落实。四是风险难以处置。法律政策依据不足,风险评估缺失,导致风险处置的合法性、合理性难以保障;联防联控等风险防控体系起步不久,信息共享不足、执法互助不畅等导致风险信息处于碎片化状态难以整合,风险线索难以深挖追查,风险处置难以形成强大合力。

第二节　跨境电商进口商品质量安全评估的总体思路与方法

目前跨境电商业务规模逐年快速增长,用户规模也不断扩大,跨境电商商品质量安全问题对经济社会和百姓生活的影响越来越大。因此,有必要对跨境电商商品质量安全风险进行综合评估,在此基础上,对跨境电商商品采取风险管理,提升商品质量安全风险防控水平,有效保障消费者权益。

一、国外相关经验借鉴

目前欧、美、日等发达国家及地区虽未单独建立跨境电商商品质量安全监测机构,但都有适合本国国情的商品质量安全监管体系。例如,欧盟成员国之间建立了市场商品质量网上监督系统,当在欧盟任何国家的一个实体店或海关抽查到不符合欧洲标准或欧盟指令的商品时,就会立刻通过这个监督网迅速传送到欧盟成员国市场监管部门,各成员国市场监管部门根据相关法律法规迅速采取限制进口、下架、销毁和进行处罚等行动。美国的产品质量安全管理是反应式监管,通过消费者投诉、媒体报道、企业消费品事故报告、消费品伤害监测系统等多方渠道广泛收集消费品安全信息,形成庞大的风险案例数据库。在风险案例采集的基础上对相关消费品安全问题进行调查和处置。日本的产品质量安全管理模式与美国类似,通过"全国消费生活资讯网络系统",将消费者与国内各地消费中心连接,并与医院合作,通过客户在线网络接受消费者投诉和咨询,并向公众、媒体、相关政府部门和机构提供经过分析的数据。

上述经验和做法为我们提供了很好的借鉴。例如:都依托网络建立商品质量监督体系,形成风险商品数据库,为监管部门和消费者提供预警;对商品质量安全采取多元协同防控原则,多渠道收集商品质量安全风险线索;此外,这些发达国家还非常注重商品质量安全的法治建设和溯源管理,有效保护消费者权益,提升监管效能。

二、跨境电商进口商品质量安全评估的总体思路

商品质量安全风险评估应坚持目标导向、问题导向和结果导向,覆盖跨境电商各渠道全部进口商品。根据我国跨境电商商品质量安全工作现状,并借鉴发达国家的相关经验,跨境电商进口商品质量安全风险评估应在广泛采集风险信息基础上,对重点敏感商品开展针对性风险评估。评估应重点围绕两个环节开展:一是如何确定待抽检商品,重点解决"抽什么"和"怎么抽"的问题,确保抽样合理性和可行性;二是抽检结果出来后如何确定风险类别和等级,重点解决"怎么评"问题,确保评估客观公正和科学管用。

三、跨境电商进口商品质量安全评估的基本原则

第一,明确定义和准确识别风险的原则。关于进口商品质量安全风险的定义,应坚持国内标准为主、国外标准为辅的原则。凡是不符合标准的都定义为风险,对于尚无标准的商品纳入未知风险范畴管理。质量安全风险具体包括:涉及安全、卫生、环境方面的风险,品质规格风险,以及包装、标识方面的风险。在进口商品质量安全风险评估中应准确识别已知风险,全面筛查未知风险。

第二,坚持目标导向、问题导向和结果导向原则。按照进口商品质量安全管理的目标与任务,针对产品质量问题或不足的信息线索,以及检测评估结果等,建立风险评估的指标体系,明确进口商品抽检及评估方法。形成"风险识别—风险评估—风险处置—风险反馈"的工作闭环。

第三,坚持实事求是、客观、科学、可行的原则。进口商品质量安全风险评估不仅要基于监管者视角,还应结合第三方评估机构、企业和消费者的视角;不仅应重视评估的科学性,还应重视取样的科学性,建立完善的样本筛选体系;不仅要考虑合理性、科学性要求,还应考虑基于现实条件的可行性以及实用性。

四、跨境电商进口商品筛选抽检体系的逻辑框架

第一,根据风险线索开展针对特定企业或商品的定向抽检。风险线索来源包括官方或第三方专业检验机构检出的不合格商品记录、基于消费者举报或电商平台投诉的商品记录等信息。这些风险线索通常明确指向某类、某批次、某企业、某平台或某地区、某行业的商品。在这种情况下应适当提高抽检率,尤其对涉及安卫环等重大风险的商品。

第二,基于风险商品全覆盖要求的随机性抽检。分两种情况,一是基于已知风险的随机抽检,二是基于发现未知风险的随机抽检。抽检要求覆盖不同批次商品、覆盖不同时段商品、覆盖不同企业或平台商品、覆盖不同地区或商场商品。随机性抽检应遵循"双随机"原则,并辅以必要的抽检率,以确保商品抽检的公正,避免出现盲区。

第三,以权威机构检测鉴定为基础,通过"定向抽检＋随机抽检＋神秘买家"抽检相结合的抽检机制。权威机构包括官方或第三方专业检验机构,作为抽检的主体,主要体现抽检的合法性、专业性和公正性;神秘买家体现抽检的合理性、真实性和公平性;平台或企业自主抽检则体现自律自治、包容性和可行性。三者有机结合体现监管与自律的协同,使抽检更科学,更容易得到各方认可。神秘买家的构成应覆盖不同地域、年龄段、性别等客户来源,平台或企业的抽检应建立相应的标准和规范。

商品筛选抽检体系逻辑框架详见图 4-1。

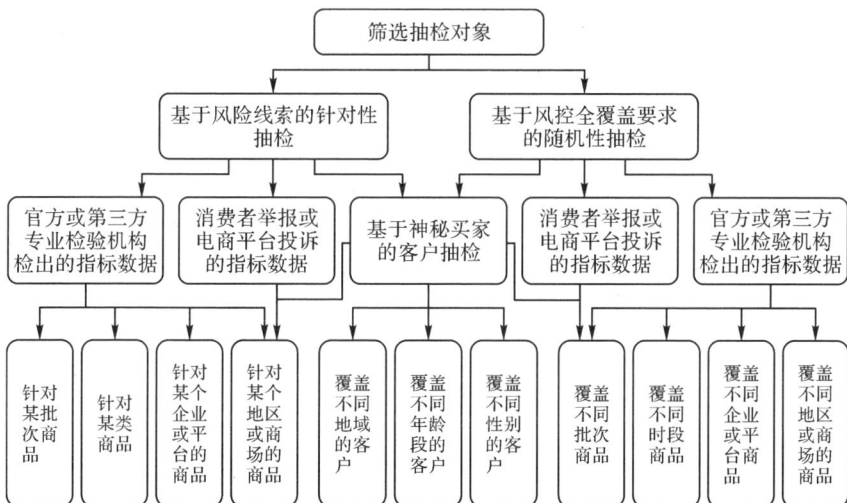

图 4-1　商品筛选抽查体系逻辑框架图

五、跨境电商进口商品质量安全评估体系的构成

第一,商品质量安全风险检出数据来源包括:基于官方或第三方专业检验机构检出的不合格指标数据、基于电商企业或平台的品质退货或处置指标数据、基于消费者或客户对跨境商品的评价数据。对于三个渠道的指标数据按照评价的权威性或可信度赋予不同权重。

第二,对于每一个渠道的检出结果按照性质分为三个维度,即涉及安卫环等重大风险的抽检不合格商品,涉及品质规格等一般风险的抽检不合格商品,涉及包装、标识等轻微风险的抽检不合格商品。三个维度的检出结果根据风险类型赋予不同权重。

第三,对于每一个维度检出的不合格商品分别按照抽检不合格批次(绝对指标比较)和不合格率(相对指标比较)两项指标,对跨境电商商品质量安全进行检测评估。对于每一个维度的检出结果根据风险严重性赋予不同权重。

跨境电商进口商品质量安全评估体系逻辑框架详见图4-2。

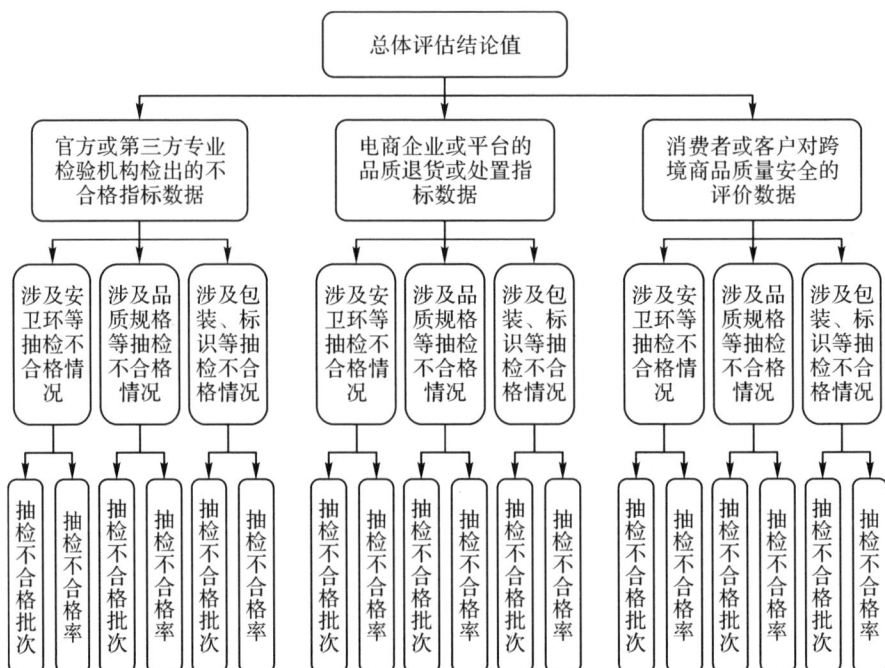

图4-2 商品质量安全风险评估体系逻辑框架图

第三节　跨境电商进口商品质量安全风险评估实施方案

一、商品质量安全风险评估所需数据信息来源

根据上述要求,实施跨境电商商品质量安全风险评估时可以使用的数据信息包括:

官方检验机构是按国家有关法律、法规对进出境商品实施强制性检验、检疫和监督管理的机构,主要包括海关、质监局、监测中心等机构;第三方检测机构指由国家政府授权代为检测某类商品的社会检测机构,如威凯检测、谱尼测试等。通常官方或第三方检测机构在人员、设备、技术方面具有一定的优势,检测的科学性、有效性较高,因此检测结果具有较高的权威性。

电商企业或平台在经营跨境电商业务时,其企业内部也会成立相关部门对进出口商品进行质量安全监测,如京东商家自检平台等,会不定期对某类商品进行抽检,并以数据接口的方式向跨境电商监管部门报送相应抽检结果。由于电商平台或企业在检测人员、技术、装备方面与官方检验机构和第三方检测机构存在差距,加之检测缺乏中立性,部分跨境电商企业在报送商品质量安全检测结果前会进行脱敏处理,故检测结果的公信力要低于官方或第三方检测机构。

消费者对跨境商品评价、举报或电商平台的投诉等内容主要包括:消费者购买商品后对此类商品的外观、质量、完整性、满意度等方面的评价,消费者对问题消费品或者电商企业或平台的举报、投诉等信息,以及电商平台发布的评价类信息,等等。这些信息主要通过互联网获得,即从各类跨境电商企业或平台的网站上获取与跨境商品相关的用户评论、图片、视频、音频等信息,并结合大数据分析,完成对特定的分析挖掘工作,最终获得消费者的评价数据。

二、跨境电商商品筛选抽检数据

根据上文所述跨境电商商品筛选抽检方法,不同风险类型的跨境电商商品抽样方法详见表 4-1。

表 4-1　跨境电商商品筛选抽检方法及对应数据

<table>
<tr><th colspan="2">筛选分类</th><th>数据来源</th><th>抽样方法</th><th>阈值</th></tr>
<tr><td rowspan="5">筛选抽检对象</td><td rowspan="3">基于风险线索的针对性抽检</td><td>官方或第三方专业检验机构检出的不合格指标数据</td><td>分层抽样＋重点抽样</td><td>不合格指标的85％分位点以上</td></tr>
<tr><td>消费者举报或电商平台投诉的不合格指标数据</td><td>分层抽样＋重点抽样</td><td>不合格指标的75％分位点以上</td></tr>
<tr><td>神秘买家的客户抽检</td><td>分层抽样＋重点抽样</td><td>不合格指标的65％分位点以上</td></tr>
<tr><td rowspan="2">基于风险商品全覆盖要求的随机性抽检</td><td>官方或第三方专业检验机构检出的不合格指标数据</td><td>分层抽样＋随机抽样</td><td>不合格指标的85％分位点以上</td></tr>
<tr><td>神秘买家的客户抽检</td><td>分层抽样＋随机抽样</td><td>不合格指标的65％分位点以上</td></tr>
</table>

(一)基于风险线索的针对性抽检

基于风险线索的针对性抽检的数据来源包括官方或第三方专业检验机构发布的抽检数据、电商企业的投诉或消费者的举报信息及神秘买家团队的抽检数据。并且每一个渠道下包含了不同的维度,所以在开展数据筛选时,需要就这几个维度开展针对性抽检,重点挑选不合格批次较多,或者不合格率严重超标的相关商品进行抽检。具体来说,由于官方或第三方发布的数据具有较高的权威性,故可在此基础上,以各维度下跨境商品检出不合格指标值的85％分位点为阈值,然后在各维度下对不合格指标超过该阈值的商品开展分层抽样,在各维度下选取若干样本,并开展重点抽样。

基于电商企业投诉或消费者举报信息,其数据可信度与官方渠道相比还有差距,所以此处适当扩大电商企业或消费者举报的抽检对象,即筛选出不合格指标超过75％分位点的商品,开展重点抽样。

(二)基于风险商品全覆盖要求的随机性抽检

基于风险商品全覆盖要求的随机性抽检是指官方或第三方专业检验机构发布的检出数据,以及神秘买家团队得到的抽检结果,包括对不同批次、不同时段、不同企业或平台、不同地域或行业商品等维度。由于风险商品全覆盖领域较广,所以考虑采用"分层抽样＋随机抽样"的方法,如在官方或第三方机构发布的检出不合格数据的基础上,以各维度下跨境商品检出不合格指标值的 85％分位点为阈值,然后以不合格指标超过这一阈值的样本为基准,按照分层抽样的形式,在各维度下筛选一定比例的样本,并通过计算机构建随机函数,从各维度筛选出的样本中以等概率方式生成随机抽检对象。

(三)神秘买家抽检方法

神秘买家抽检的实质是以普通消费者身份购买跨境电商商品,将商品送往实验室进行检测的方法。主要涉及以下事项:一是样品如何选择。对产品质量评价、价格是否偏离正常、互联网质量舆情、消费者投诉举报和质量监管情况等多个维度信息进行综合分析,依据分析结果选择抽样产品,或者基于风险商品全覆盖而采取随机性抽样。然后依托跨境电商大数据分析,结合各渠道收集的商品质量反馈信息,对产品抽检数据进行分析筛选,并发布相关信息。二是神秘买家如何选取。为提高神秘买家抽查的公正性和真实性,应由监测中心不定期面向社会随机招募志愿者,建立神秘买家库,然后运用双随机的方式混合社会志愿者和监测中心工作人员组成神秘买家团队进行商品抽检,即随机抽选志愿者和监测人员,随机抽选待抽检商品。其优势在于无论是基于风险线索的针对性抽检还是基于风险商品全覆盖的随机性抽检,都能保证抽检样本的随机性,有效保障商品抽检的公正性和真实性。

三、跨境电商商品质量安全风险评估模型的建立

(一)确定评估指标体系

根据商品质量安全风险评估的总体思路和方法,评估指标体系可设为三级。其中,一级指标分别是官方或第三方专业检验机构抽检出的不合格数据,电商企业或平台的自检或退货数据,消费者或客户商品质量安全评价数据;二级指标是跨境商品在不同类别属性上的质量安全抽检结果,可将其分为三类,分别是涉及安卫环类风险的抽检结果,涉及品质规格类风险的抽检结果,以及涉及包装、标识等的抽检结果;三级指标则主要指跨境商品被检出不合格情况的严重程度,包括绝对量和相对量的比较,即抽检不合格批次的比较和抽检不合格率的比较两项指标。指标体系详见表4-2。

表 4-2　商品质量安全风险评估指标体系

目标	一级指标	二级指标	三级指标
跨境质量安全综合得分	官方或第三方专业检验机构检出的不合格指标数据	涉及安卫环等抽检不合格情况	抽检不合格批次比较
			抽检不合格率比较
		涉及品质规格等抽检不合格情况	抽检不合格批次比较
			抽检不合格率比较
		涉及包装、标识等抽检不合格情况	抽检不合格批次比较
			抽检不合格率比较
	电商企业或平台的品质退货或处置指标数据	涉及安卫环等抽检不合格情况	抽检不合格批次比较
			抽检不合格率比较
		涉及品质规格等抽检不合格情况	抽检不合格批次比较
			抽检不合格率比较
		涉及包装、标识等抽检不合格情况	抽检不合格批次比较
			抽检不合格率比较
	消费者或客户商品质量安全评价数据	涉及安卫环等抽检不合格情况	抽检不合格批次比较
			抽检不合格率比较
		涉及品质规格等抽检不合格情况	抽检不合格批次比较
			抽检不合格率比较
		涉及包装、标识等抽检不合格情况	抽检不合格批次比较
			抽检不合格率比较

（二）评估指标赋权

根据指标特征,可通过层次分析法（AHP）对三类指标赋予不同的权重。层次分析法可将复杂问题分解为有序的递阶层次结构,通过人们的主观比较判断,计算各决策方案在不同准则及总准则下的相对重要性度量,从而对决策方案的优劣进行排序。主要包括两个过程:首先是通过两两比较,确定各指标之间重要性比较的判断矩阵;其次是根据判断矩阵,利用特征根法、行和法、规范列平均法等方法求解权数。

第四节 跨境电商进口商品质量安全风险评估应用实例

一、质量安全风险评估指标体系的构建

（一）一级指标体系构建

从一级指标的权重体系来看，不同数据来源渠道发布的监测信息的权威性不同，即官方或第三方检测机构发布的数据具有较高权威性，所以在构建评估体系时，应给予较高的权重系数。电商企业或平台的退货统计或自检数据，出于减少对企业不良影响考虑，可能对数据进行脱敏处理，导致评定结果有偏差，应给予较低权重系数。消费者评论数据则受到消费偏好、商家返利、同业竞争等多种因素影响，影响评估的客观性，应给予较低的权重系数。因此，官方或第三方机构、电商企业或平台、消费者评论三类渠道对应的可信度依次为：非常可信、一般可信、较低可信。根据德尔菲法专家赋值，并采用 Satty 的九标度体系，构建得到三类渠道的重要性等级，具体结果见表 4-3。

表 4-3 一级指标重要性等级

一级指标	官方或第三方机构	电商企业或平台	消费者
官方或第三方机构	1	2	3
电商企业或平台	1/2	1	2
消费者	1/3	1/2	1

按照层次分析法的权重构建步骤，即可得到一级指标的权重向量 $w_1 = (0.5294, 0.3088, 0.1618)^T$。即官方或第三方机构发布的监测数据的权重为 0.5294，电商企业或平台发布的监测数据的权重为 0.3088，消费者评论数据的权重为 0.1618。

（二）二级指标体系构建

涉及安卫环等重大风险商品由于不可整改，若出现质量安全问题，只能对其做下架、销毁等处理，影响较大，所以应赋予较大权重系数；涉及品质规

格类风险的商品可进行退换货等处理，将产生一定程度的经济影响，故应赋予较低权重系数；涉及包装、标识类风险的商品，可通过整改等方式，减轻或者消除质量安全隐患，影响轻微，故应赋予较低权重系数。根据德尔菲法专家赋值，并采用 Satty 的九标度体系，可得二级指标的权重，具体结果见表 4-4。

表 4-4　二级指标重要性等级

二级指标	涉及安卫环类	涉及品质规格类	涉及包装、标识类
涉及安卫环类	1	2	3
涉及品质规格类	1/2	1	2
涉及包装、标识类	1/3	1/2	1

按照层次分析法的权重构建步骤，可知二级指标的权重向量 $w_2 = (0.5294, 0.3088, 0.1618)^T$，即涉及安卫环类的监测数据的权重为 0.5294，涉及品质规格类的权重为 0.3088，涉及包装标识类的权重为 0.1618。

(三)三级指标体系构建

三级指标是抽检不合格批次比较、抽检不合格率比较，分别以绝对数和相对数的形式出现，并与正常值相比较。由于相对数是去除量纲之后的结果，更能准确地反映检出数据的不合格情况，故应赋予相对数以更高的检出指标。根据德尔菲法专家赋值，并采用 Satty 的九标度体系，可得三级指标的权重，具体结果见表 4-5。

表 4-5　三级指标重要性等级

	检出不合格批次	检出不合格率
检出不合格批次	1	1/2
检出不合格率	2	1

三级指标对应的权重向量 $w_3 = (0.3333, 0.6667)^T$，即检出不合格批次比较的权重为 0.3333，检出不合格率比较的权重为 0.6667。

综上所述，在得到各级指标体系对应的权重后，将上级指标的权重分配下级指标，即可得到最终的权重分配结构，具体结果见表 4-6。

表 4-6　最终权重分配结构

目标	一级指标（A）	二级指标（B）	三级指标（C）
跨境电商进口商品质量安全风险权重结构	0.5294（A1）	0.5294（B1）	0.3333（C1）
			0.6667（C2）
		0.3088（B2）	0.3333（C1）
			0.6667（C2）
		0.1618（B3）	0.3333（C1）
			0.6667（C2）
	0.3088（A2）	0.5294（B1）	0.3333（C1）
			0.6667（C2）
		0.3088（B2）	0.3333（C1）
			0.6667（C2）
		0.1618（B3）	0.3333（C1）
			0.6667（C2）
	0.1618（A3）	0.5294（B1）	0.3333（C1）
			0.6667（C2）
		0.3088（B2）	0.3333（C1）
			0.6667（C2）
		0.1618（B3）	0.3333（C1）
			0.6667（C2）

（四）进口商品质量安全风险评估值的测算公式

$$RAS = \sum_{i=1}^{3} \{ A_i \times 不同渠道抽检比例 \times \sum_{j=1}^{3} [B_j \times 检出风险类型比例 \times \sum_{k=1}^{3} (C_k \times 风险比较基准分值)] \}$$

二、商品质量安全风险评估值的模拟测算

本研究对饰品和服装两类商品抽检结果进行模拟。

（一）饰品类进口商品质量安全风险评估测算

假设共抽检 31 件跨境电商进口饰品样品，经检测发现 7 件饰品存在

铅、镉等重金属超标等问题涉及安卫环等重大质量安全风险。根据前文所述之进口商品质量安全风险评估值的测算公式,可对其做如下赋值:

(1)一级指标赋值的确定。检测结果均来源于第三方检测机构,故其一级指标赋值分别为:

A1=(31/31)×0.5294=0.5294

A2=(0/31)×0.3088=0

A3=(0/31)×0.1618=0

(2)二级指标赋值的确定。检出不合格饰品均涉及安卫环等重大质量安全风险,故其二级指标赋值分别为:

B1=(7/7)×0.5294=0.5294

B2=(0/7)×0.3088=0

B3=(0/7)×0.1618=0

(3)三级指标分值的确定。本次检测采用检出不合格品率指标。共检测 31 批次,检出不合格品 7 批次,故检出不合格率=(7/31)×100%=22.58%。经查询,进口饰品类商品平均检测不合格率为 10%,根据德尔菲法对不合格率赋值见表 4-7:

表 4-7　饰品检测不合格率赋分表

风险类型	低风险	中风险	高风险	极高风险
不合格率	10%以下	10%—20%	20%—30%	30%以上
分值	10	20	50	100

综合上述因素,本次检测不合格率为 22.58%,属于 20%—30% 高风险一档,取 50 分,故三级指标分值应为:

C1=0×0.3333=0

C2=50×0.6667=33.34

(4)饰品类进口商品质量安全风险评估值的确定。

$$RAS(饰品)=A1×[B1×(C1+C2)+B2×(C1+C2)+B3×(C1+C2)]+A2×[B1×(C1+C2)+B2×(C1+C2)+B3×(C1+C2)]+A3×[B1×(C1+C2)+B2×(C1+C2)+B3×(C1+C2)]$$

$$=0.5294×[0.5294×(0+33.34)+0×(0+33.34)+0×(0+33.34)]+0×[0.5294×(0+33.34)+0×(0+$$

$33.34)+0\times(0+33.34)]+0\times[0.5294\times(0+33.34)+$
$0\times(0+33.34)+0\times(0+33.34)]=9.3440$

（二）服装类进口商品质量安全风险评估测算

假设共抽检 68 件跨境电商进口服装样品,经检测发现不合格品 43 件。其中,进口服装不合格品中涉及安卫环等高风险情况 26 件（主要为标签与婴儿皮肤直接接触、绳带设计不符安全规范等）,涉及品质规格不符等中风险情况 7 件（均为纤维含量与标识不符）,存在包装、标识错误 10 件（被检测为不判定件）,可作为轻微风险情况处理。根据前文所述之进口商品质量安全风险评估值的测算公式,可对其做如下赋值:

（1）一级指标赋值的确定。检测结果均来源于第三方检测机构,故其一级指标赋值应为:

A1＝（68/68）×0.5294＝0.5294

A2＝（0/68）×0.3088＝0

A3＝（0/68）×0.1618＝0

（2）二级指标赋值的确定。检出不合格服装 43 件,其中,涉及安卫环等重大风险的 26 件,品质规格不符等中风险的 7 件,标识、包装不符等轻微风险的 10 件,故其二级指标赋值应为:

B1＝（26/43）×0.5294＝0.3201

B2＝（7/43）×0.3088＝0.0503

B3＝（10/43）×0.1618＝0.0376

（3）三级指标分值的确定。检测采用检出不合格品率指标。共检测 68 批次,检出不合格品 43 批次,故检出不合格率＝（43/68）×100％＝63.24％。经查询,进口饰品类商品平均检测不合格率为 20％,根据德尔菲法对不合格率赋值见表 4-8:

表 4-8　服装检测不合格率赋分表

风险类型	低风险	中风险	高风险	极高风险
不合格率	20％以下	20％—30％	30％—40％	40％以上
分值	10	20	50	100

综合上述因素,本次检测不合格率为 63.24％,大于 50％,属于极高风险,取 100,故三级指标分值应为:

C1＝0×0.3333＝0

C2＝100×0.6667＝66.67

(4)服装类进口商品质量安全风险评估值的确定。

$$
\begin{aligned}
RAS(服装) = & A1×[B1×(C1+C2)+B2×(C1+C2)+B3×(C1+ \\
& C2)]+A2×[B1×(C1+C2)+B2×(C1+C2)+B3× \\
& (C1+C2)]+A3×[B1×(C1+C2)+B2×(C1+C2)+ \\
& B3×(C1+C2)] \\
= & 0.5294×[0.3201×(0+66.67)+0.0503×(0+66.67) \\
& +0.0376×(0+66.67)]+0×[0.3201×(0+66.67)+ \\
& 0.0503×(0+66.67)+0.0376×(0+66.67)]+0× \\
& [0.3201×(0+66.67)+0.0503×(0+66.67)+0.0376 \\
& ×(0+66.67)]=14.4004
\end{aligned}
$$

(三)风险测算结果说明

根据跨境商品质量安全风险评估体系可知,综合得分越高,商品质量安全风险越高。而由计算结果可知,饰品类商品对应的综合得分为9.3440,服装类商品对应的综合得分为14.4004,即服装类商品的质量安全问题更大。

三、测算结论

实际评估中,除官方或第三方检测机构的报告外,还要获取消费者对于跨境服装类商品的评价数据,以及跨境电商企业或平台对服装类商品的检测报告,之后再综合这三类检测渠道的数据,计算该类商品的综合得分值。这样得到的综合得分值能够比较全面、综合地反映该类商品的质量安全问题。本案例中,由于消费者评论数据以及电商企业的检测数据难以获得,故最终计算得到的结果只具备一定的参考意义。因此,构建跨境电商进口商品质量安全风险评估体系必须与电商企业或平台、消费者相结合,落实各主体责任,发挥各自优势,形成质量安全的联防联控机制。此外,该风险评估体系的思路和方法也可推广至一般贸易进出口货物的质量安全风险评估,但须根据一般贸易进出口货物的特点对评估指标进行重新确定。

第五节　跨境电商进口商品评估存在的问题及相关建议

通过对评估的实证分析发现,目前跨境电商商品评估实践尚存在一定的困难,具体表现在以下方面。

一、跨境商品质量安全的检测标准

以普通贸易形式进境的货物一般要符合我国的相关国家强制性标准,并实行首次进口许可证制度或法定检验,而跨境电商进口商品不需要许可证管理,且对此类商品质量安全适用原产国、出口国还是进口国标准,尚无明确规定。目前主要以企业宣示或承诺的原产国标准为依据,由此也带来相应的问题。

(一)商品原产国国家标准难以获取

跨境进口商品种类繁多,货源遍布全球,再加上语言造成的障碍,无论是监管部门或监测中心,还是跨境电商平台,都不可能获取所有商品对应原产国的相关产品国家标准。因此,将商品原产国国家标准作为判断依据缺乏可操作性。

(二)以我国国标作为标准缺乏法律依据

在实际监测中,基于可操作性,也基于对我国国民健康安全的考虑,监测中心多以我国强制性国家标准作为质量安全风险的判断依据。但由于缺乏法律依据,监测结果不能作为执法依据,只能作为跨境电商商品质量安全防控的参考,执法效能较低。

(三)强制性国家标准中的空白领域风险较大

如橡皮中的增塑剂和卫生巾中的甲苯含量均不是我国国家强制性标准规定的项目,但根据检出物质的毒性和实际应用的场景,这些物质含量超过一定数值还是会对人体健康产生威胁,有关部门应该组织专家对这类标准未覆盖到的风险项目进行评估。

二、质量安全数据采集与整理的难点

跨境商品质量安全检测数据的来源非常广泛,数据格式多样,数据缺失、异常情况较多,数据采集与整理难度较大,具体表现在以下方面。

(一)数据结构化难度较大

目前存在数据不完整问题,手工补录工作量大,如:目前很多申报数据缺乏产品分类、品牌甚至国别、平台等数据,后期补录难度较大;实验室检测报告多以 word、PDF 等非结构化数据形式存在,而且形式多样,难以自动生成结构化数据形式;自动采集到的舆情信息和消费者评论无法自动按产品类别划分,而且干扰信息非常多。

(二)不同来源数据整合困难

跨境电商商品质量评估需要采集监管部门、电商平台、原产国等多方面商品信息。不同行业对商品分类不尽相同,如海关采用 HS 编码制度,外贸部门多采用 SITC 分类制度,企业多采用大类经济类别 BEC 分类制度。分类标准不同,导致数据格式千差万别,数据整合难度较大,也难以应用到实验室信息化管理系统中。

(三)数据共享存在一定障碍

目前电商企业出于保护商业机密、维护企业声誉等目的,与监管部门联网意愿不强,存在共享前数据被清洗的隐患。

三、跨境电商商品溯源隐患引发质量安全风险

跨境电商商品溯源管理属于质量安全风险防控体系的一部分。由于跨境电商进口具有种类多、批次大、货值小、渠道杂的特点,其商品溯源存在的隐患主要表现在以下方面。

(一)市场规范问题

目前跨境电商商品溯源受到假冒溯源码的冲击,产地、物流等相关溯源信息均由定制方自行掌握,市场监管部门难以查询商品的溯源信息,对商品实施监管规范的难度较大。虚假溯源信息严重扰乱跨境电商市场,不仅消

费者深受其害,监管部门也难以查处。

(二)标准体系问题

目前跨境电商商品溯源存在四方面不足:商品溯源信息由溯源平台自行设定,即溯源信息缺乏统一标准;数据不完整,虽然提供了报关单号和报检单号,但没有详细的海关监管信息,更没有三单数据,无法贯通整个溯源链,溯源的意义不大;商品生产信息主要由供应商提供,不能实现真正的源头溯源,即发现问题不能直接精确追溯到生产环节;检测证书无法精确匹配,即溯源码中的检测证书信息并非对应当前批次。

5

第五章　跨境电商通关时效评估

通关时效是世界银行衡量各国营商环境的重要指标之一,用于衡量进出口货物的物流过程相关的时间和成本。通关时效既是影响跨境贸易便利化水平的重要影响因素,也是评价营商环境优劣的重要指标。跨境电商作为一种新兴业态,进出境商品通关效率的高低将明显影响其未来发展,因此在评估中国对外贸易整体通关时效的基础上,再将跨境电商通关时效与普通货物通关时效做评估比较分析具有重要意义。

第一节　通关时效相关研究现状

一、通关时效评估产生背景

世界银行的《营商环境报告》通过收集并分析全面的定量的数据,对190个经济体以及所选地方城市的营商法规及其执行情况进行客观评估。目前,世界银行衡量各国营商环境的指标体系主要包括10类指标,分别是开办企业、申请建筑许可、获得电力供应、注册财产、获得信贷、投资者保护、缴纳税款、跨境贸易、合同执行和办理破产。其中《跨境贸易——营商环境报告》中关于单证合规、边界合规的时间即通常所说的通关时效,该指标是评估贸易便利化、口岸营商环境的关键指标之一。

随着对跨境贸易便利化程度的关注提升,世界贸易组织(WTO)各成员于2013年底就《贸易便利化协议》达成一致,旨在通过贸易程序和手续的简化协调提升全球供应链的运作效率,降低贸易成本,增进社会福利,推进口岸治理现代化。此外,世界海关组织(WCO)也将压缩进出口货物口岸放行时间作为推进贸易便利化的重要途径和手段。

二、我国关于通关时效的研究

我国于 2015 年 9 月接受由 WTO 起草的《贸易便利化协定》议定书,2018 年 10 月,国务院发布《优化口岸营商环境促进跨境贸易便利化工作方案》。目前,中国海关根据世界海关组织《放行时间研究指南》等标准,已完成了 2011 年至 2018 年的全国海关进出口货物通关时间研究报告。为尽可能减少人为主观因素的影响,该研究报告中的数据采集较多地采取数据信息直采方法,实现对全口岸、全商品(少数特殊商品除外)通关时效的全面统计监测和评估,同时根据不同运输方式等分类标准进行分类监测评估,并辅以统计调查方法对监测评估情况加以印证和持续改进,以求更加全面、客观、公正、科学地评价我国通关时效。

第二节　跨境电商通关时效评估的思路与逻辑框架

跨境电商通关时效评估的总体思路是:从影响通关时效的主要因素入手,在世界银行通关时效指标分析基础上,明确通关时效评估的具体指标,并对通关时效评估指标及表达方式进行具体分析(海关通关时间与整体通关时间)。在此基础上开展中国与世界主要国家对外贸易整体通关时效,以及"1210"一线进口与一般贸易通关时效的对比分析,并从评估数据信息的可得性、真实性与准确性,评估方法的科学性,评估结果的权威性及评估结果应用的有效性三个方面分析制约通关时效评估及其结果应用的主要因素。通关时效评估的逻辑框架详见图 5-1。

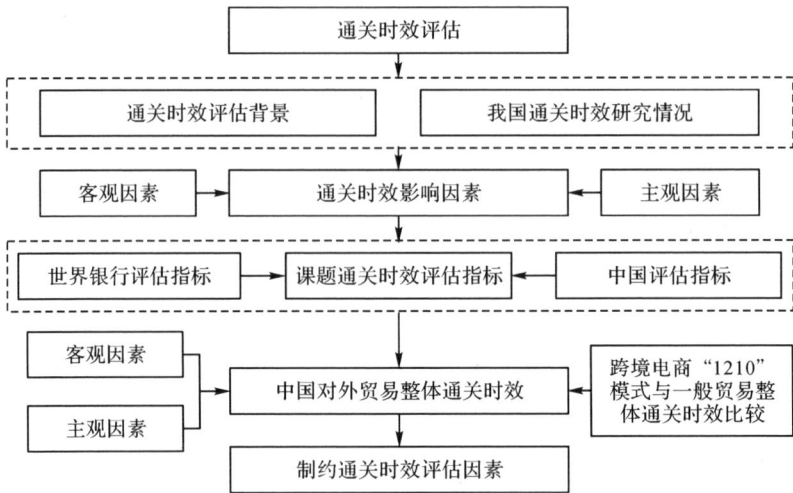

图 5-1　跨境电商通关时效评估总体框架图

第三节　跨境电商通关时效评估实施方案

一、影响通关时效的主要因素

(一)影响通关时效的客观因素

影响通关时效的客观因素主要包括:(1)基础设施不足。通关时效受到交通、港口、网络等硬件设施条件的制约。(2)组织管理不善。通关时效也受口岸布局、交通组织、运营管理、人员素质等组织管理不足的制约。(3)政策调控需要。进出境环节的准入门槛高低、安全风险防控、宏观调控以及监管政策等都会影响通关时效。(4)计算口径不同。关于通关时间的概念、标准、口径等不同,将直接影响通关时间计算结果。

(二)影响通关时效的主观因素

影响通关时效的主观因素主要包括:(1)申报差错。工作责任心不强,主动性、积极性不足,造成申报质量不高、规范性不强,甚至差错率较高。(2)个体化差异。实际监管强度不同造成的个体化差异,包括认识差异和故意行为产生的差异都会影响通关时间的评价结果。(3)有意用足优惠。收发货人有意用免租、免费使用优惠期,或免滞报申报时限,或免滞纳缴税时限,从而不急于办理通关结关手续。

二、通关时效评估具体指标

(一)世界银行评估指标

世界银行以单证合规耗时、边境合规耗时来评价世界各经济体的通关时效。其中:

单证合规耗时是指准备和获取海关及其他监管机构在进出口环节所要求递交单证的耗时。

边境合规耗时是指与遵守经济体海关条例和其他强制性检查条例,以便货物越过经济体边境,有关的时间以及在其港口或边境进行处理的时间。这一部分的时间包括其他政府机构进行清关和检查程序的时间。

(二)我国通关时效评估指标及表达方式

中国主要以整体通关时间和海关通关时间来评估通关时效,测算标准详见图 5-2。

图 5-2　通关时效评估指标测算示意图

(1)海关通关时间。海关通关时间是指企业向海关申请办理货物的进出境手续,海关对其呈交的单证和实际进出口货物依法进行审核直至批准进口或出口的全部过程所需的时间。因为在进出口环节中海关发挥极其重要的作用,其作业时间也将对其他环节的效率产生关联影响,因此海关通关时间备受关注。2017 年海关总署提出压缩通关时间三分之一,采用的就是海关通关时间的口径。如图 5-2 所示,海关通关时间的计算公式为:

海关通关时间(时长)=海关放行时间(时点)—海关接受申报时间(时点)

(2)整体通关时间。整体通关时间是指货物进出一国(经济体)关境时,从装载该货物的运输工具进境（出口为运抵海关监管场所）至海关放行所需的时间，包括卸货/理货、换单/通关通检准备、通关（含通检）等口岸作业的多个环节所需的时间。整体通关时间反映了进出口货物在口岸办结通关手续时所需要的时间长短，是衡量货物通关过程效率以及一国（经济体）贸易便利化水平高低的重要指标。从整体通关时间的构成和评估结果看，其与世界银行的合规时间基本一致。如图 5-2 所示，整体通关时间包括了海关通关时间，2018 年海关总署提出的压缩通关时间便是采用整体通关时间的口径。整体通关时间计算公式为：

整体通关时间（时长）＝海关放行时间（时点）－货物抵港时间（时点）

三、数据来源

原始测试数据均为海关行政记录，在数据后台运算，仅输出结果。本轮测试采集的数据为某直属海关一个月的实际进出境报关单数据。

四、指标计算方式

以纳入通关时效评估的所有样本整体通关时间的平均数作为整体通关时间，以"报关单"为基础单元，"小时"为时间单位，由计算机自动采集并计算。整体通关时间与海关通关时间的计算公式为：

海关通关时间（时长）＝海关放行时间（时点）－海关接受申报时间（时点）

整体通关时间（时长）＝海关放行时间（时点）－货物抵港时间（时点）

五、通关时效评估方法

不同口径通关时效评估指标通常用中枢表达方式来展现。平均数能描述数据中各观测值相对集中较多的中心位置，能反映通关时间数据的集中趋势，但容易受到极端值的影响，因为个别极端情况并不具有代表性。为了减少极端异常情况的影响，在研究宏观通关时效时，采用以中位数为代表的分位数等具备较高代表性的统计量来描述通关时间。此外，连续数据离散化能将各具体货物、物品通关时间归入不同时间段描述通关时效。同时，一定时间内通关完成率、通关时间众数、通关时间离散系数也是通关时效的重要表现方式。

第四节　通关时效评估应用实例

一、中国对外贸易整体通关时效与全球对比情况

(一)中国与全球跨境贸易耗时对比情况

根据世界银行对中国 2019 年通关时效统计评估结果,从全球对比情况来看,中国在跨境贸易耗时方面,除进口边境合规耗时外,均已领先报告经济体中位数以及平均水平。其中出口单证合规耗时为 8.6 小时,领先中位数水平 9.9 小时,领先平均水平 39.7 小时;进口单证合规耗时为 24.0 小时,与中位数水平持平,领先平均水平 37.1 小时;出口边境合规耗时为 25.9 小时,领先中位数水平 10.1 小时,领先平均水平 29.8 小时;进口边境合规耗时为 48.0 小时,落后中位数水平 8.7 小时,领先平均水平 22.3 小时。同时可以看到,中国 2019 年通关时效相比 2018 年有显著提升。

表 5-1　我国与全球跨境贸易耗时情况对比表

报告年份	2019				2018		
指标	中国	中位数	平均数	中国排名	中国	中位数	平均数
分数	82.6	77.9	70.9	65	69.9	77.5	70.1
出口耗时:单证 (小时计)合规	8.6	18.5	48.3	60	21.2	21.1	51.0
进口耗时:单证 (小时计)合规	24.0	24.0	61.1	74	65.7	24.0	65.3
出口耗时:边境 (小时计)合规	25.9	36.0	55.7	66	25.9	36.0	58.2
进口耗时:边境 (小时计)合规	48.0	39.3	70.3	85	92.3	43.1	74.6

注:数据来源于世界银行《营商环境报告》。

(二)主要跨境电商国家或地区贸易耗时对比情况

表 5-2 给出了几个主要跨境电商国家或地区的贸易耗时,可知中国大陆

跨境贸易耗时与其他国家或地区仍有不小的差距。其中,韩国通关时效无论是在出口还是在进口方面都处于绝对领先地位,进口单证、出口单证所耗时间均为 1 小时,其综合得分也名列前茅;美国、新加坡、日本则分列 2—4 位。反之,与印度、俄罗斯、巴西相比,中国大陆在跨境贸易通关时效方面则具有明显的优势。

表 5-2　主要跨境电商国家或地区贸易通关时效对比表

经济体	分数	所耗时间(小时计)			
		出口单证	进口单证	出口边境	进口边境
韩国	92.52	1	1	13	6
美国	92.01	1.5	7.5	1.5	1.5
新加坡	89.57	2	3	10	33
日本	86.51	2.4	3.4	22.6	39.6
中国台湾	84.94	5	4	17	47
新西兰	84.63	3	1	37	25
中国大陆	82.59	8.6	24	25.9	48
印度	77.46	14.5	29.7	66.2	96.7
俄罗斯	71.06	25.4	42.5	66	30
澳大利亚	70.3	7	4	36	39
巴西	69.85	12	24	49	30
南非	59.64	68	36	92	87

二、跨境电商保税进口通关时效评估

跨境电商作为一种新业态,进出口货物、物品通关效率的高低将明显影响其未来发展,因此将跨境电商通关时效与普通货物通关时效做评估比较分析具有重要意义。一方面,跨境电商商品具备的个性化、碎片化、高频次和低货值等特点,大大增加进出口环节的工作量和管理难度,如理货耗时较长,将降低通关效率;另一方面,因跨境电商相比普通货物进出口中间环节少,且消费者享有的限额内免征关税和低值简易便捷通关手续等待遇,故在通关过程中跨境电商将显著缩短缴纳关税等耗费的时间,提高通关效率。两方面的影响因素作用方向相反,实际效果需通过评估结果来展现。

目前跨境电商直购进口和一般出口中"清单申报、清单统计"的通关模式只通过海关跨境电商通关管理系统进行申报,该系统数据与舱单数据等未完全联通,各环节作业时间难以对碰,计算海关通关时间存在困难。跨境电商一般出口中"清单申报、清单核放、汇总统计"除在海关跨境电商通关管理系统进行申报,完成通关手续之外,后续还需要按月汇总,在海关 H2010 通关管理系统中申报汇总报关单。但由于这些报关单并不体现在跨境商品实际通关环节中,H2010 系统显示的作业时间并不能反映海关对此跨境商品的实际通关时效,因此不宜用来研究跨境电商出口通关时效。

由此,以下仅以跨境电商保税进口的通关时效作为研究对象,以整体通关时间作为评估指标,比较其与一般贸易进口通关时效的差异,从而考察海关目前对保税进口跨境电商的监管流程是否体现了更高的便利化水平,是否符合促进跨境电商发展的政策导向。

三、跨境电商保税进口通关时效与一般贸易进口通关时效的对比

将一般贸易(监管代码为 0110)进口的整体通关时间和跨境电商保税(监管代码为 1210)进口的整体通关时间进行比较,以此反映跨境电商进口通关时效的现状,以及与一般贸易方式进口在通关时效上的差异。从样本数据评估结果看,跨境电商保税进口的整体通关时间为 23.03 小时,优于一般贸易进口的 44.47 小时,特定时间段内完成率均高于一般贸易进口,其查验率(1.40%)明显低于一般贸易进口(4.50%),这些结论与经验感觉一致。但从理论上看,跨境电商模式本身在通关时效方面是否更具优势还有待进一步验证,如采取同类商品、设定同等监管条件等方式进行比较研究。

表 5-3　跨境电商保税进口整体通关时间与一般贸易进口整体通关时间的比较[1]

评估指标	含义	1210 通关时间 (小时)	0110 通关时间 (小时)
平均数	反映通关时间的集中趋势	23.03	44.47
25 分位数/中位数/ 75 分位数	反映有序通关时间数据的分布情况	1.72/10.93/31.03	2.11/20.22/58.12

---

① 表格中所有数据由样本汇总测算而来。

评估指标	含义	1210 通关时间（小时）	0110 通关时间（小时）
众数	反映通关时间数据中具有明显集中趋势点的数值，代表数据的一般水平	0	0
离散系数	反映通关时间的离散程度	1.43	1.49
查验比例/%	反映监管强度	1.40	4.50
平均查验时间	反映查验作业耗时	7.74	148.12
5 小时通关完成率/%	反映特定时间段内的通关完成率，更为明显地体现通关耗时	38.84	35.13
10 小时通关完成率/%	—	48.89	40.37
20 小时通关完成率/%	—	60.32	49.69

当然,通关时效评估原则与方法应与实际应用需求紧密结合,比如并不一定是通关时间越短越好,因为在一定的客观条件下通关时间的压缩是有限度的,而且存在明显的边际递减效应,甚至有关各方的实际获得感不升反降。

四、跨境电商保税进口整体通关时间分布评估

平均通关时间是一个较具宏观性的评价指标,多数情况下,企业对于通关流程的管控需求在于通关耗时的可预见性和合理性。在相同的平均通关时间背景下,集中度较高的通关时间分布有利于企业安排物流、仓储和生产等事宜。通过通关时间数据的概率分布,监管部门可以综合知悉通关时间的整个分布特征,更好地进行监管资源配置和机制优化。因此,除了平均通关时间的总体描述,通关时间的分布情况能提高通关时效的可参考性和可预见性。图 5-3 所示为跨境电商保税进口整体通关时间分布[①]。

---

① 数据由样本集测算而来。

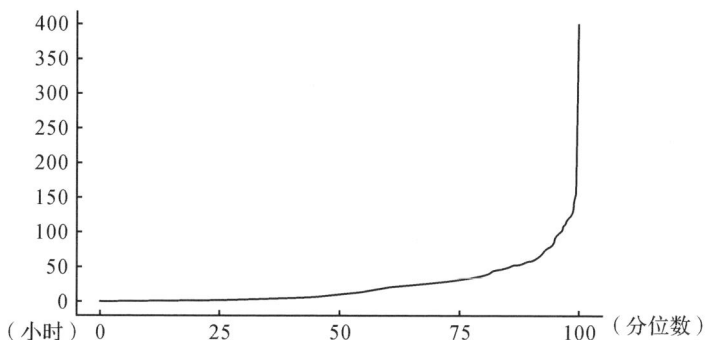

图 5-3　跨境电商保税进口整体通关时间分布图

从分布图中可以直观看出申报单通关时间分布特征。具体来说,75%左右的申报单通关时间在 31.03 小时以下,少数申报单通关时间较长。

五、制约通关时效评估及其结果应用的主要因素

(一)评估数据信息的可得性、真实性、准确性

一是由于世界银行评价体系所需的数据信息是跨部门、跨地区、跨行业的大量数据信息,在目前的条件下难以完整、及时、准确获取,因此,海关总署、国家口岸办从现实条件出发,以报关单数据、仓单数据、卡口数据等能可靠获取的数据为基础,开展整体通关时间评估。二是由于存在免费堆存、超常优惠等恶性竞争,对正常通关时效源头数据产生一定程度的扭曲,影响数据的真实性和准确性。三是部分口岸、场站等节点尚未实现无纸化、数字化或联网,部分数据仍然需要人工录入和处理,对数据的及时性、准确性产生影响。

(二)评估方法的科学性、评估结果的权威性

目前通关时效评估方法选择存在一定的局限性,引起对评价合理性、科学性、权威性的某些质疑,如取值方法、参数设定、权重分配等。如世界银行目前只选取中国的上海和北京(延伸到天津)作为样本城市,以极少的标准品作为样本货物,以调查表作为主要数据采集方式等,不尽合理。海关总署和国家口岸办的评估采用进出口数据记录超级汇总。

(三)评估结果应用的有效性

从目前来看,海关总署和国家口岸办内部通报通关时效监测和评估情况,用于评价各地的通关时效,并据此对各地、各有关单位和部门提出改进要求,同时加强督办,对提升营商环境起到了十分明显的作用。如世界银行发布的《2019 年营商环境报告》显示,我国的跨境贸易营商环境从 97 位提升到第 65 位,提升了 32 个位次,《2020 年营商环境报告》显示,我国的跨境贸易营商环境位居第 56 位,再提升 9 个位次。

第五节　通关时效评估的结论与相关建议

一、主要结论

为体现通关时效的宏观时效,需要利用不同口径通关时效评估指标展现。如,虽然平均数能够体现通关时效的整体中心位置,但它容易受到极端值的影响,需结合以中位数为代表的分位数等具备较高代表性的统计量反映通关时效整体情况。

从全球对比情况来看,中国在跨境贸易耗时方面,除进口边境合规耗时外,均已领先报告经济体中位数以及平均水平,但与主要跨境电商国家或地区仍有不小的差距。

从样本数据评估结果看,监管模式为 1210 的跨境电商保税进口一线通关时效为 23.03 小时,优于一般贸易进口的 44.47 小时。此外,75% 左右的 1210 的跨境电商保税进口一线通关时效在 31.03 小时以下。

二、政策建议

增加评估数据信息的可得性、真实性、准确性。(1)海关总署、国家口岸办从现实条件出发,以报关单数据、舱单数据、卡口数据等能可靠获取的数据为基础,开展整体通关时间评估。(2)抑制免费堆存、超常优惠等恶性竞争,保证数据的真实性和准确性。(3)加快口岸、场站等节点实现无纸化、数字化,提高数据的及时性与准确性。

对目前通关时效评估方法如取值方法、参数设定、权重分配等的局限性进行修正,提高评估方法的科学性与评估结果的权威性。

建立以"清单统计"中的清单为基础的跨境电商通关时效评估方式。按照跨境电商监管方式,可以下各节点为依据进行统计:9610 出口通关时间计算为电子审核—运输—运抵—海关查验—放行;9610 进口通关时间计算为电子审核—运输—运抵—理货分拣—海关查验—放行;1210 出口通关时间计算为电子审核—运输—运抵—海关查验—放行;1210 进口通关时间计算为电子审核—出仓、分拣—运抵—海关查验—放行。

6

第六章　跨境电商税收征管评估

　　跨境电商为国际贸易发展注入了新的活力,推动国际贸易向更加便利、普惠的方向发展,对全球经济增长和增进公平福利意义重大。为了促进跨境电商的健康发展,我国出台了一系列鼓励跨境电商发展的优惠政策,税收优惠政策就是其中重要组成部分。税收优惠政策从总体上看有力促进了跨境电商行业的发展,但"政策落差"也不可避免地带来了一定的风险,对一般贸易产生一定的冲击。因此,对跨境电商税收风险(主要体现在跨境电商零售进口方面)进行动态监测、科学评估就显得尤为重要。准确的评估结论可以为及时有效处置风险提供预警和支撑,为决策提供参考。

第一节　跨境电商税收征管评估概述

　　海关税收是海关对依法监管的进出境货物、物品和运输工具所征收的税。根据《中华人民共和国进出口关税条例》(以下简称《关税条例》),从价计征的关税、进口环节代征税的计算公式为:

$$应纳税额＝完税价格×进口税综合税率$$

　　因此决定应纳税额的主要因素是完税价格和适用税率(综合税率),而完税价格和适用税率的确定又受到诸多因素的影响,如影响完税价格的成交价格的合理性,影响适用税率的商品归类、贸易方式适用条件,等等。因此,关税计征的实际情况较为复杂,专业技术性很强。

　　与传统外贸相比,跨境电商具有许多特质性差异,如小批量、低总值、高频次、多品种、数字化、隐形化、个性化、跨界融合等,使得海关税收征管成本和风险被急剧放大,监管部门面临极大的执法风险、廉政风险和管理风险。对参与跨境电商的企业和个人而言,税收政策的复杂性和不确定性,也将带来较大的成本控制和合规申报风险。但从海关对跨境电商税收征管实践看,目前尚缺乏有效的税收动态监测与实时评估的有效方法和手段。课题组拟从跨境电商税收风险的表现形式入手,分别构建跨境电商税收动态监测体系和征管评估体系。

第二节　跨境电商税收主要风险及评估体系的思路与逻辑框架

一、跨境电商税收风险的主要表现形式

(一)完税价格风险

　　对监管部门而言,完税价格风险主要表现在两方面:一是伪报、瞒报和申报不实等行为带来监管执法风险,如对进口低报价格偷逃税、出口高报价格骗退税等违法违规行为进行监管查处时,如果实际监管不到位、不统一、查处不力,造成税收流失,就有被追责的风险;二是存在因审价引发的争议、复议、诉讼等行政执法风险,如海关审价补税与当事人发生分歧等。对经营者和消费者而言,完税价格风险也是客观存在的:一方面要尽可能地用足用好税收优惠政策,减少税费,降低成本;另一方面要遵守法律法规,合规诚信经营,尽可能地避免处罚造成的损失。

　　由于跨境电商具有不同于传统外贸的诸多特点,因此沿用传统外贸的审价理念、规则和模式必然造成跨境电商审价依据不足、审价效能不高等问题。此外,由于跨境电商直接面对消费者,使用网络优惠券,针对特定时段、区域、客户群体开展的各类促销活动成为常态化,同一种商品成交价格大幅

波动,对海关审价也带来较大影响①。

(二)商品归类风险

与完税价格风险类似,对监管部门而言,商品归类风险主要也表现在两方面:一方面,伪报、瞒报和申报不实等行为带来监管执法风险,如对进口商品归入低税率商品偷逃税、出口商品归入高退税率商品骗退税等违法违规行为进行监管查处时,如果实际监管不到位、不统一、查处不力,造成税收流失,就有被追责的风险;另一方面,存在因归类不一致引发争议、复议、诉讼等行政执法风险,如海关归类补税与当事人发生分歧等。对经营者和消费者而言,同样也存在归类风险。一方面要尽可能地用足用好跨境电商"清单申报、清单核放","清单核放、汇总申报",以及归并简化申报等便利政策,减少申报工作压力,降低通关成本;另一方面要遵守法律法规,合规诚信经营,做到规范申报,尽可能地避免因归类差错被处罚造成损失;还有对商品归类和经营成本的确定性、可预期,及其对控制经营风险的重要性。

商品归类既适用税率也是商品准入的决定因素,因此,正确的商品归类是正确计征进出口税收的基础,也是确保税收质量的关键。由于跨境电商的物流渠道几乎覆盖了一般贸易渠道和邮政小包、快件等所有物流渠道,而一般贸易货物和行邮物品适用不同的归类依据。因此,跨境电商商品归类存在与货物归类政策不统一、不协调的难题。同时,商品归类本身也是进出口业务中较具专业性的工作之一,信息不对称或出于牟利目的的故意伪瞒报行为,易引发商品归类风险。

(三)虚假资质风险

跨境电商零售进口商品单次交易限值内关税税率暂设为0,进口环节增值税、消费税暂按法定应纳税款的70%征收,远低于一般贸易,且不执行有关商品的首次进口许可批件、注册或备案要求。因此,跨境电商存在成为走私通

---

① 根据文件规定,跨境进口的完税价格以实际交易价格为准,包括商品零售价格、运费和保险费。但网络优惠券或是特价促销行为会造成同一种商品的交易价格波动,甚至波动幅度非常大,如果直接以订单显示的交易价格作为完税价格,那么会造成同种商品的税率差异。按目前的规定,面向所有消费者的普惠制促销以订单成交价格作为实际交易价格,面向特定消费者的优惠券或积分换购等形式的交易以剔除优惠后的价格作为实际交易价格。但在实际操作中,较难准确识别订单价格中所包含的非普惠制促销价格,存在税收风险。

道的系统性风险。其主要走私形式是盗用身份信息、伪造"三单"数据、伪报贸易方式,即将本应以一般贸易进口的相关货物化整为零伪装成以跨境电商零售方式进口,通过虚拟"三单"数据、盗用消费者身份信息及额度,达到偷逃税款、逃避海关监管的目的。因此盗用个人身份信息,将一般贸易进口货物"包装"成跨境电商物品进口成为危害新业态健康发展的较大风险隐患。

二、跨境电商税收征管评估的总体思路与框架

开展跨境电商税收征管评估的总体思路如下:

第一,从跨境电商税收决定因素出发,将跨境电商税收风险因素分解为完税价格风险、商品归类风险、资格条件风险和政策溢出风险。第二,在构建监管大数据库、完善跨境电商主体责任、完善跨境电商模式监测等方面建立跨境电商税收风险监测体系,并将监测结果应用于跨境电商监管实务。第三,从税收规模、税负水平及影响因素等方面构建跨境电商税收宏观监测指标体系。通过海关跨境电商管理系统采集数据,利用跨境电商税收风险评估模型对某关区 6 个季度的税收情况进行动态评估,并对若干样本区域的跨境电商税收状况进行综合比对。

跨境电商税收风险评估逻辑框架如图 6-1 所示。

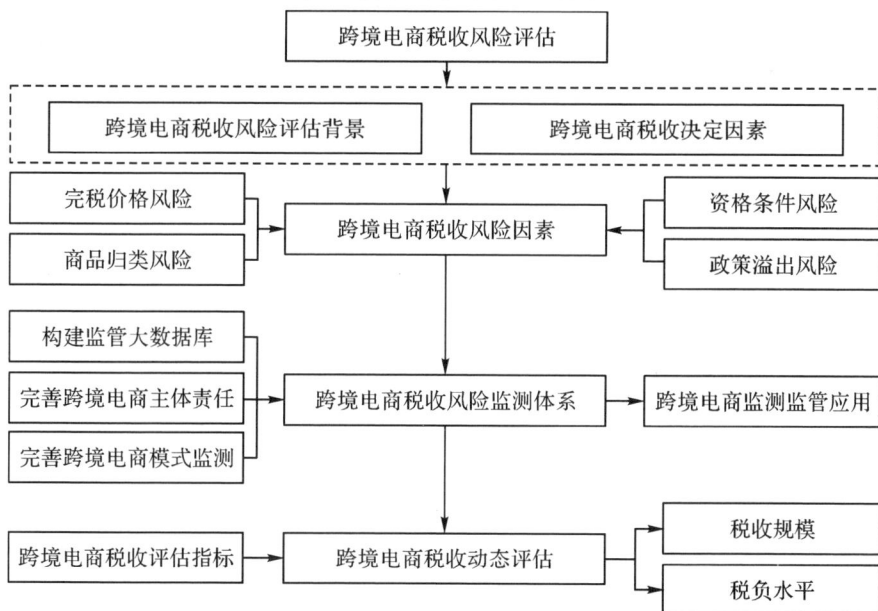

图 6-1 跨境电商税收风险评估逻辑框架图

第三节　跨境电商税收风险评估实施方案

一、评估指标体系

可分为跨境电商税收风险评估指标体系与跨境电商税收评估指标体系两部分。其中：

(一)跨境电商税收风险评估指标体系

表 6-1　跨境电商税收风险评估指标体系

指标名称		指标意义
一级指标	二级指标	
删改单异常	删单数量	反映特定企业删单总数
	删单占比	反映特定企业删单数量与报关单总数的比值
	改单数量	反映特定企业改单总数
	改单比例	反映特定企业改单数量与报关单总数的比值
逻辑关系异常	身份信息异常	通过大数据反映身份信息(身份证号、电话、地址等关联信息的异常情况)
	订单人支付人一致性异常	通过身份信息反映订单人与支付人是否一致
	收货电话异常	通过大数据反映收货电话与收货人电话是否一致
	收货地址异常	通过大数据反映收货地址与收货人常住地址是否一致
	订单金额异常	申报金额明显接近个人申报额度等
品名数量异常	商品数量异常	申报数量明显与个人自用数量不符等
	商品价格异常	申报商品与常见商品的价重比等逻辑关系异常
	品名规格异常	申报商品与常见商品的数重比等逻辑关系异常
时间异常	非工作时段申报	
	某时段集中申报	

（二）跨境电商税收评估指标体系

表 6-2 跨境电商税收评估指标体系

指标名称	指标意义
综合税率	反映应税商品的理论税率
理论入库税收值	评估期与基期的理论入库税收变化情况
税收增长率	反映应税商品的理论税率变化情况
税率指数	反映应税商品进口综合税率的变化情况
税率因素影响值	反映应税商品进口税率变化对税收值变化的影响规模
数量指数	反映应税商品进口数量变化情况
数量因素影响值	反映应税商品进口税率变化对税收值变化的影响规模
价格指数	反映应税商品进口价格变化情况
价格因素影响值	反映应税商品进口价格变化对税收值变化的影响规模
后续补税贡献度	其他征补税成效的评价指标
税收入库吻合度	入库税收与应税商品规模协调程度

二、数据来源

2018—2019 年商务部、海关总署及相关直属海关官网发布的跨境电商数据。

三、指标计算方式

跨境电商税收评估指标计算方式同传统贸易方式。

四、评估方法

首先，对各个时期地区的所有指标进行标准化处理，然后，利用 AHP 法对各个指标进行赋权，通过集成算子对所有指标进行集成，从而得到综合指数，依据指数值及变化值对跨境电商税收进行评估。AHP 法具体步骤如下：

设有 n 项跨境电商税收风险指标，分别记为 I_1、I_2、I_3、$\cdots\cdots$、I_n，则构权过程为：

第一步：通过两两比较，确定各跨境电商税收风险指标之间重要性比较的比例判断矩阵，记为 A，即

$$A = \begin{pmatrix} a_{11} & a_{12} & \cdots & a_{1n} \\ a_{21} & a_{22} & \cdots & a_{2n} \\ \vdots & \vdots & \ddots & \vdots \\ a_{n1} & a_{n2} & \cdots & a_{nn} \end{pmatrix} \begin{matrix} I_1 \\ I_2 \\ \vdots \\ I_n \end{matrix}$$

$$\begin{matrix} I_1 & I_2 & \cdots & I_n \end{matrix} \text{ 指标}$$

其中 a_{ij} 的含义是第 i 个跨境电商税收风险指标的重要性（权数）是第 j 指标重要性的倍数，即

$$a_{ij} = \frac{i \text{ 指标的重要性分数}}{j \text{ 指标的重要性分数}} = \frac{w_i}{w_j}$$

通常采用 Satty 的比例九标度来确定相应的 a_{ij} 值（表 6-3）。

表 6-3 比例九标度体系

a_{ij} 取值	比较的含义
1	i 与 j 一样重要
3	i 比 j 稍微重要
5	i 比 j 明显重要
7	i 比 j 强烈重要
9	i 与 j 极端重要
2,4,6,8	i 与 j 的比较介于上述各等级程度之间
上述各数的倒数	j 与 i 的比较

判断矩阵 A 是评价跨境电商税收风险指标体系权信息的载体。

第二步：根据 A 矩阵，求解权值 w。其中，$w = (w_1 \quad w_2 \quad w_3 \quad \cdots \quad w_n)^{\mathrm{T}}$。

可利用幂乘法得出 AHP 权向量，其基本步骤是通过逐步迭代，求解以下方程：

$$Aw = \lambda_{\max} w$$

其中，$\lambda_{\max}$ 为判断矩阵 A 的最大特征根，权向量 w 即为相应的特征向量。但幂乘法计算过程较为烦琐，下面将以行算术平均法为例，展示计算过程：

（1）计算 A 矩阵的各行算术平均值 $\overline{R}_i$：

$$\overline{R}_i = \frac{1}{n}\sum_{j=1}^{n} a_{ij} \qquad (i=1,2,\cdots,n)$$

（2）对行算术平均值进行归一化，即为所计算的权重 w_i：

$$w_i = \overline{R}_i / \sum_{i=1}^{n} \overline{R}_i$$

则得到

$$\boldsymbol{w} = (w_1 \quad w_2 \quad \cdots \quad w_n)^{\mathrm{T}} \qquad (i=1,2,\cdots,n)$$

（3）计算判断矩阵 $\boldsymbol{A}$ 的最大特征根 $\lambda_{\max}$：

$$\lambda_{\max} = \frac{1}{n}\sum_{i=1}^{n} \frac{(\boldsymbol{Aw})_i}{w_i}$$

式中，$\boldsymbol{Aw} = \begin{pmatrix} a_{11} & a_{12} & \cdots & a_{1n} \\ a_{21} & a_{22} & \cdots & a_{2n} \\ \vdots & \vdots & \vdots & \vdots \\ a_{n1} & a_{n2} & \cdots & a_{nm} \end{pmatrix}\begin{pmatrix} w_1 \\ w_2 \\ \vdots \\ w_n \end{pmatrix}$，$(\boldsymbol{Aw})_i$ 为 $\boldsymbol{Aw}$ 的第 i 个元素。

第三步：计算一致性比率 CR，以检查所构判断矩阵 $\boldsymbol{A}$ 及由之导出的权向量的合理性。对判断矩阵的检查方法有两类，一类是一致性比率法，另一类是统计假设检验法。实践中较常用的是第一类方法。

一致性比率 CR 的计算公式为：

$$CR = \frac{CI}{RI}$$

式中，RI 为同阶平均随机一致性指标，它是通过数百个甚至上千个随机构造的样本矩阵计算的平均 CI。CI 称为一致性指标，其计算公式为：

$$CI = \frac{\lambda_{\max} - n}{n-1}$$

$\lambda_{\max}$ 为 $\boldsymbol{A}$ 矩阵的最大特征根。据证明，对于任何正判断矩阵 $\boldsymbol{A}$，均有 $\lambda_{\max} \geqslant n$，并且，判断矩阵的一致性程度越高，$\lambda_{\max}$ 越接近于 n。当判断完全一致时，$\boldsymbol{A}$ 的非零特征根是唯一的，且为 n。显然，CI 越小，判断矩阵 $\boldsymbol{A}$ 的一致性程度也越高。故 CI 是衡量判断矩阵一致性水平的重要指标。

第四步：当通过一致性比率 CR 检验后，对原始指标进行无量纲化得到

$\boldsymbol{B} = \begin{pmatrix} b_{11} & b_{12} & \cdots & b_{1n} \\ b_{21} & b_{22} & \cdots & b_{2n} \\ \vdots & \vdots & \ddots & \vdots \\ b_{m1} & b_{m1} & \cdots & b_{m1} \end{pmatrix}$，再利用 $C_i = \sum_{j=1}^{n} b_{ij}w_j (i=1,2,\cdots,n)$ 计算出最终

每个对象的综合风险值。

第四节　跨境电商税收征管评估理论及实例

一、跨境电商税收风险监测体系

鉴于跨境电商存在诸多税收风险,为确保税收应收尽收,我国有必要建立跨境电商风险监测体系。

(一)构建监管大数据库

监管大数据库需要进行正向监管与逆向监管。

(1)正向监管。所谓正向监管,是指以守法便利为导向的监管模式。对商品价格需要进行正向监管。商品价格监管需要以跨境行业商品价格范围与价格趋势作为参考,因此需要与跨境行业的大平台、大企业建立合作协议,如天猫国际、全球购、网易考拉等,促使大平台、大企业向海关开放跨境商品交易价格,以方便海关建立跨境电商商品价格库。

(2)逆向监管。所谓逆向监管,是指以违法惩戒为导向的监管模式。跨境电商逆向监管需要各职能部门互相打通数据库,对于风险逆向监管设立企业信用底线触发条件,如公安系统开放公民身份信息对碰系统,工商系统开放商品质量及侵权等行政处罚信息,濒危办开放含有濒危动植物成分的商品信息,等等。同时,海关需打通内部各个信息池,如将检疫条线每月质量抽查等信息作为触发条件进入大数据库中。此外,全国海关在各现场监测到的风险也应作为触发条件。

(二)完善跨境电商主体责任

根据海关规定,跨境电商相关企业或代理人在向海关申报时,需要提供"三单"(支付单、物流单、订单)信息,以确保跨境电商交易的真实性。但从目前现实来看,"三单对碰"模式虽然形式上可以直接核对订单、支付单及物流单的信息一致性,但是"三单"数据信息的提供者却经常由一家平台企业完成,监管部门尚未实现穿透式监管,无法真正地相互有效验证,致使跨境电商税收风险增加。举例来说,若某平台有意低报价格,海关在审核商品价格时,也很难发现问题。同时,商品促销活动频繁、商品种类繁多,导致审核人员难以核实每一款商品价格,纵使发现价格异常,也难以取证。更为重要的是,我国海关对跨境电商价格进行全流程监管追责缺乏相关法律依据。

因此,需要通过法律程序,明确相关主体(监管主体与被监管主体)的权利与义务,尤其是跨境企业与平台的权利与义务,做到权责明确,边界清晰,完善事前布控、事中核对与事后追踪追责机制,使三单数据真实有效,从而降低跨境电商税收风险。

(三)完善跨境电商风险监测

部分企业为享受甚至利用跨境电商税收政策,将会根据目前跨境电商的税收政策具体内容,采取最大化优化策略。但是一般贸易方式通常是大货贸易,若采用跨境电商模式必将受年度 26000 元限额与单次价值不超过 5000 元限制。当数额过大时,订单、支付与物流信息必然体现多批次、多人群与同源(收发地)等特征,再根据消费品受用人群等特征,可以对跨境电商模式进行监测,从而识别出跨境电商税收风险。具体风险表现类型可从消费者、额度、经营主体、交易信息等维度提取特征。

(四)跨境电商风险监测监管应用

跨境电商风险监测监管应用主要包括四个环节,分别为寻找风险点、风险数据分析、风险验证、风险处置。寻找风险点包括外部举报的风险线索,以及按照风险特征和风险参数筛选出的异常申报数据。风险数据分析主要分析两个方面:一是分析其风险行为的具体手法、特征和是否涉证;二是估算风险直接相关的金额和偷逃的税款。风险验证环节涵盖两部分内容:一是验证商品及其物流轨迹,以验证商品是否被真实派送,以及验证是否确实存在不合规或风险情况;二是分析确认电商网站是否真实、合理。最后一个环节则是总结前面评估和识别到的风险信息,并按风险管理办法进行相应的分类分级风险处置。

二、跨境电商税收动态监测与评估

(一)构建跨境电商税收动态监测评估指标体系

由于税收受商品进出口规模与税率水平影响,将利用绝对数与相对数从跨境电商税收规模、税率与价格等方面对我国跨境电商税收进行静态与动态监测。

总体规模上,不仅用理论入库税收值反映税收整体规模,同时利用本期后续补税贡献度反映和衡量全国或直属海关跨境电商综合治税成效。为了动态监测跨境电商税收规模变化情况,利用税收增长率反映评估期与基期的实际入库税收变化情况。

税负水平上,跨境税税率是对通过跨境电商方式进出口货物的征税比例,是衡量海关税负轻重的重要标志。为掌握我国跨境电商税负情况,海关部门主要利用综合税率来衡量海关税收整体水平。同时,利用税率指数对进口税负水平进行动态监测。进一步地,利用税率因素影响值反映应税商品进口税率变化对税收值变化的影响规模。

同时,利用价格指数及数量指数对应税商品价格与数量变动程度进行动态监测,测算出价格因素与数量因素对税收的拉动或抑制作用。进一步地,为说明入库税收与应税商品规模协调程度,利用税收入库吻合度衡量进口应税商品的增减变化与税收入库的增减变化是否一致。具体指标见表6-4。

表6-4 跨境电商税收规模动态监测指标

指标名称	指标意义
综合税率	反映应税商品的理论税率
理论入库税收值	评估期与基期的理论入库税收变化情况
税收增长率	反映应税商品的理论税率变化情况
税率指数	反映应税商品进口综合税率的变化情况
税率因素影响值	反映应税商品进口税率变化对税收值变化的影响规模
数量指数	反映应税商品进口数量变化情况
数量因素影响值	反映应税商品进口税率变化对税收值变化的影响规模
价格指数	反映应税商品进口价格变化情况
价格因素影响值	反映应税商品进口价格变化对税收值变化的影响规模
后续补税贡献度	其他征补税成效的评价指标
税收入库吻合度	入库税收与应税商品规模协调程度

单个指标可以从某方面对跨境电商税收状态进行评估,但跨境电商税收状态是个复杂的系统,对其整体状况进行把握十分必要。为掌握跨境电商税

收整体状态,计算跨境电商税收综合指数十分重要。跨境电商税收综合指数是用两个综合总量指标对比的方法计算,将综合税收水平、税收规模及税收发展情况进行综合分析得出的指数,反映跨境电商税收整体情况的变化。

(二)跨境电商税收动态综合评估

研究选取跨境电商业务存续时间较长的沿海省区市为样本,提取连续 6 个季度的样本数据,选取 472 个样本商品,从税收与税率、价格及数量等要素角度,对样本跨境电商税收整体状态进行动态评估(结果已进行标准化处理,详见表 6-5、6-6)。

对其进行标准化处理,结果如下:

表 6-5　样本税收情况动态评估标准化结果

季节	综合税率	理论入库税收值	税收增长率	税率指数	税率因素影响值	价格指数	价格因素影响值	数量指数	数量因素影响值
1	1	1	1	1	1	1	1	1	1
2	0.9959	1.97	2	0.9959	0.57	0.9644	1.93	2.03	2.16
3	0.9925	1.64	1.67	0.9925	−0.51	1.1111	1.7	1.47	1.53
4	1.2122	1.61	1.63	1.2121	61.14	0.9962	1.95	1.96	2.09
5	1.1958	1.35	1.36	1.1957	47.16	1.335	1.76	1.2	1.23
6	1.2002	1.7	1.72	1.2002	60.96	1.1342	2.14	1.8	1.9

经过多位专家多次反馈,依据 AHP 法得到权重 w。

表 6-6　各指标权重

指标	权重	指标属性
综合税率	0.2333	逆向指标
理论入库税收值	0.3500	正向指标
税收增长率	0.1167	正向指标
税率指数	0.0250	逆向指标
税率因素影响值	0.0250	逆向指标
价格指数	0.0500	正向指标
价格因素影响值	0.0500	正向指标

指标	权重	指标属性
数量指数	0.0750	正向指标
数量因素影响值	0.0750	正向指标

依据公式,对每个时间段的上述指标进行汇总,得到样本跨境电商税收综合指数,其变化趋势见图 6-2。

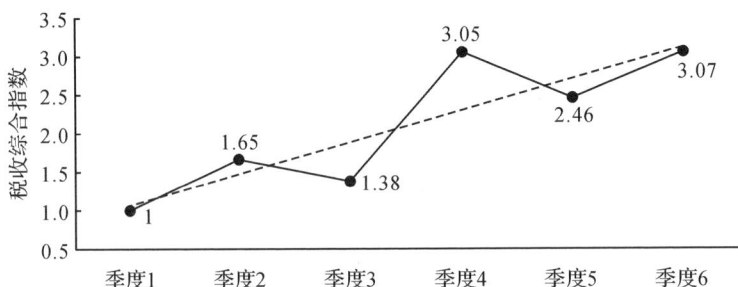

图 6-2　样本省区市跨境电商税收综合指数变化情况

由图 6-2 可知,自季度 1 以来,样本跨境电商税收整体状态虽有波动(波动很可能是电商节引起的),但总体呈上升趋势。特别是季度 4 指数上升速度较快。结合标准化结果表,发现季度 4 税率因素影响值指标值剧增(61.14)。究其原因,是同期开始增值税税率由 16% 下降到 13% 所引发。

(三)部分综试区跨境电商税收状态横向比较

选取 6 个国内起步较早并具有代表性的综试区作为样本。以下从理论入库税收值、综合税率及税收增长情况对这六个样本就跨境电商税收综合状态进行比较。

对其进行标准化处理,结果如下:

表 6-7　主要综试区跨境电商税收情况标准化结果

样本	税收规模	综合税率	税收增长率
样本 A	0.6021	1.0000	0.7774
样本 B	0.9209	0.9799	1.0000
样本 C	0.5375	0.9414	0.7124

样本	税收规模	综合税率	税收增长率
样本 D	1.0000	0.9817	0.7986
样本 E	0.2411	0.9677	0.5639
样本 F	0.1570	0.9521	0.4930

经过多位专家多次反馈形成一致权重 $w=(0.5000, 0.3333, 0.1667)$，依据公式，得到各样本的跨境电商税收指数，详见表 6-8。

表 6-8 主要综试区跨境电商税收情况综合指数

地区	指数值	排名
样本 A	0.4629	2
样本 B	0.4933	1
样本 C	0.4325	4
样本 D	0.4603	3
样本 E	0.4166	5
样本 F	0.3995	6

由上表可知，六个样本跨境电商税收整体情况接近，同时样本 B、A、D 跨境电商税收指数值排名前三。进一步发现，样本 D 税收规模具有优势，样本 B 税收增长率及税收规模均具有优势，而样本 A 优势体现在综合税率上[1]。

---

① 税率高低确实与商品结构有关，税收规模和增长率也与业务量大小和增长率有关，当然也与税收管理水平有关，因此严格意义上讲，税率高低比较应采取对同类商品进行比较更合理，如果不同综试区间同类商品的综合税率不同，则低的地方就形成了税负洼地，吸引更多的此类商品在此进口，税收规模和增长率一般也会上升，即综合税率与税收规模和税收增长率通常会呈现负相关性。现有分析忽略了不同综试区间的商品结构差异。

第五节　跨境电商税收征管评估的结论与相关建议

一、主要结论

以实际成交价为基础,但优惠促销、审价依据尚不健全等导致跨境电商价格审核困难,这是目前跨境电商价格风险产生的重要原因。

伪报、瞒报等商品归类错误是进口对外贸易价格审核历史弊病,跨境电商物品多种类、多批次、物流渠道比较复杂等特征加剧商品归类风险。

为避税,跨境电商税收政策可能会引导不法分子将原有一般贸易普货转移借道跨境电商,从而增加跨境电商税收风险。

以守法便利为导向的正向监管(特别是价格大数据监管库)与以违法惩戒为导向的逆向监管相结合将为降低跨境电商税收风险提供基础保障。

明确相关主体(监管主体与被监管主体)权利义务与健全追踪追责机制,使“三单”数据真实有效是降低跨境电商税收风险的制度基础。

基于订单、支付与物流信息、商品特征及消费者特征,识别跨境电商模式风险,是降低政策风险的有效途径。

从税收规模、税负水平及税收影响因素等方面对跨境电商税收进行分析,可以有效把握跨境电商税收宏观状况。同时发现,样本的跨境电商税收发展呈周期性上升趋势。

二、政策建议

建立跨境电商监管数据库。(1)商品价格库。与跨境行业的大平台、大企业建立合作协议,促使大平台、大企业向海关开放跨境商品交易价格,以方便海关建立跨境电商商品价格库,为建立价格监管提供基础。(2)违法违规数据库。如开放公民身份信息对碰系统、商品质量及侵权等行政处罚信息。

基于订单、支付与物流信息、商品特征及消费者特征,运用大数据技术与区块链等技术,提高识别跨境电商模式风险能力。

通过法律程序明确相关主体(监管主体与被监管主体)的权利与义务。做到各主体权责明确,边界清晰,同时健全追踪追责机制,从制度上保证“三单”数据真实有效。

7

第七章 跨境电商企业多维评估及监管应用

　　跨境电商在助推国际贸易便利化的同时,也给跨境企业合规经营、防范信用风险带来巨大挑战。交易的无纸化、虚拟化和无界化特征使得交易双方的行为具有极大的不确定性,责任追溯在跨境电商领域中极为困难,不守信用的企业行为也在该领域中更加突出。因此,构建跨境电商企业多维度评估体系,实现企业精准画像具有多方面意义。

　　评估指标体系作为评估过程中一个极为重要的步骤,在很大程度上可以决定评估质量的好坏。跨境电商企业合规风险是指跨境企业在日常跨境交易中参与主体履行相应法律法规的能力及整体的经营风险程度。本章所构建的跨境企业合规风险评估体系是建立在原有海关企业管理体系的基础之上,遵循"三大层面、四个模块、多个环节、多种因素"的要点,重点考察被评估企业经营风险意愿与能力的各种影响因素。其目标是保持信用风险最低,使企业的效益和价值均能够得到较大提高。这既有利于跨境企业提高自身市场信誉,又有利于相关监管部门甄别风险,监控高风险企业。

第一节　跨境电商企业多维度评估现状

　　近些年,跨境电商发展迅猛,其中重要的一个原因是得益于政策的红利,而与此同时,某些企业通过违法违规等不正当手段、利用政策落差等漏洞牟利的情况屡见不鲜。如何在有限的监管资源条件下,更加有效地实施监管优化服务,是海关和其他政府部门迫切需要解决的课题。

一、跨境电商企业多维度评估的必要性

跨境电商涉及企业众多,包括电商企业、平台企业、物流企业和支付企业。按规定,电商(平台)、物流、支付等企业有如实向海关等监管部门申报、传输有关数据信息的法定义务,海关等监管部门能通过对订单、物流单、支付单、申报清单等数据信息的审核,以及单证与单证、单证与实物之间"三单"的相互印证或验证,确保交易的真实性。但在试点过程中发现,有不法企业为利用跨境电商的政策优惠,制作、推送虚假"三单"信息,通过欺瞒骗等手段,逃避监管,偷逃税款,严重扰乱进出口秩序,损害公平竞争和跨境电商试点。因此,构建多维度企业评估体系,给跨境电商企业全面精准画像,为企业、行业自律和政府决策、监管、服务提供更加全面、及时、准确的依据,有利于落实企业主体责任,注重合规性要求,提升经营管理水平,有利于管理部门有效实施分类管理,提高监管效能,精准防范风险,同时给广大合规守信的进出口企业提供更多便利、更好服务,为广大消费者提供可靠的信息指引,警示风险,营造良好的消费环境。

二、跨境电商企业多维度评估和精准画像的概念

所谓企业多维度评估和精准画像,就是运用大数据、云计算、区块链等技术,将企业的基本属性、商品属性、经营情况、有无违法违规记录、企业管理者的信用记录等一系列表明该企业特征的信息进行归集和分类并标签化,再以图表的形式形象直观地展现出来,就好比对人体进行全面健康体检一样,从不同的层面、不同的视角、不同的环节、不同的因素等多个维度进行分析评估,既要反映企业的全面和整体特征,又要反映企业的进出口状况、诚信守法状况等局部情况和特点,还要能反映其跨境电商业务某份清单、某项商品、某个环节、某种行为的微观细节,是一种综合性的评估。而这种多维度评估的重点就是企业的合规风险。

第二节　构建跨境电商企业多维度评估体系的思路与逻辑框架

一、基本思路

跨境电商企业多维度评估体系是海关等监管部门为监测预警和规范企业跨境经营行为而建立的评估体系。该体系主要评估跨境电商企业的合规性以及对其进行风险等级评定,其基本框架思路如下:围绕跨境电商合规风险这一个评估目标,从合规和风险两个评估角度,对跨境电商企业合规风险水平进行评估,分三个层面、四大模块、多个环节、多种因素进行结构化评估,按照影响大小构建一个权重体系,构成全面系统、科学实用的多维度评估体系。

(一)一个评估目标

针对某个跨境电商企业的合规风险大小,进行量化评估,最终给出一个评估值(反向指标),以评估值的大小表示该企业总体合规风险的高低,评估值越大表示风险越低。

(二)两个评估角度,两类评估

从合规视角和风险视角区分两者在企业整体合规风险评估中的不同性质和不同影响,对有违法违规记录的企业与无违法违规记录的企业分别评估。合规视角主要关注企业违法违规历史记录,即已经存在的不合规事实而不是可能性,这对企业未来合规风险的评估影响巨大,甚至是决定性的,有的是"一票否决"。而风险视角主要关注企业的异常情况,及其可能对合规性产生负面影响的程度,关注的只是合规风险而不是违规现实,因此其对企业未来合规性的评估影响虽然重要,但相比已有的违法违规记录其仅处于次要地位。

对有违法违规记录企业的评估是侧重于当前高风险基础上的监测评估,着重监测评估其是否有新的违法违规行为和其他高风险行为,为动态反映和调整合规风险等级提供指引。对无违法违规记录企业的评估是立足于当前合规风险不确定基础上的监测评估,着重监测评估其是否有违法违规行为和其他高风险行为,为动态反映和调整合规风险等级提供指引。

(三)三个评估层面

将决定或影响企业整体合规风险的各种因素,按照其对企业整体合规风险影响的不同层级纵向分成三级。第一层级按照合规和风险两个视角分别列出决定或影响企业整体合规风险的主要评估模块,包括违法违规情况、基本经营情况、监测异常情况、其他风险情况等四大模块。第二层级是对第一层级的细化,体现不同环节、不同类别因素对评估的影响,主要包括申报、物流、纳税、稽核查环节和企业类别、规模等因素。第三层级是第二级的细化,直接落到具体的业务点上,主要包括逃证逃税走私违法记录、联合惩戒黑名单、侵犯知识产权、涉商品质量安全不良记录、申报不实、欠税等风险点。

(四)四大评估模块

按照决定或影响企业整体合规风险的不同业务板块纵向分成四大评估模块,即违法违规情况、基本经营情况、监测异常情况、其他风险情况。

(五)多个环节评估

按照事前、事中、事后作业链不同环节分成注册备案情况、申报情况、物流支付情况、监管查验情况、缴纳税费情况、稽查核查情况、消费者投诉情况等。

(六)多种因素评估

按照主体、客体、载体不同情况区分不同因素评估,主要包括身份电话地址信息、高管信用记录、商品质量、商品价格、物流渠道、进出时间等。

二、逻辑框架

按上述思路整理跨境电商企业多维度评估的逻辑框架,详见图7-1。

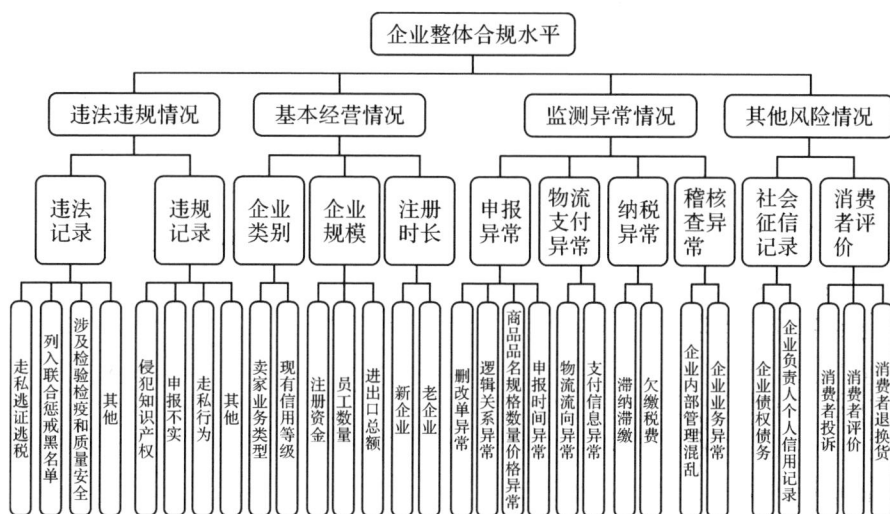

图 7-1　跨境电商企业多维度评估指标框架

第三节　跨境电商企业多维度评估的指标体系

在第三章跨境电商统计指标基础上,按照上述跨境电商企业多维度评估体系基本框架,并结合跨境电商数据信息特点及其可获得性,全面梳理跨境电商企业多维度评估指标体系。

一、跨境电商企业多维度评估体系一级指标

跨境电商企业多维度评估体系共有 4 个一级评估指标,具体包括以下方面。

(一)违法违规记录

违法违规记录是指跨境企业在经营中出现的违法、违规行为。该指标进一步反映企业对于海关法律、法规和标准的遵守情况。对违法违规行为的查处,体现出海关监管方式由原先的以货物为重心向货物和企业并重转变,使违法违规记录成为跨境企业监管类别划分的重要参考因素,提高海关重点监控的针对性和有效性。

（二）基本经营情况

基本经营情况这个指标主要侧重于企业的内部因素，例如企业资本、人力资源和基本业务等，目的在于评估企业所具有的资源能力。此外，除基本情况指标外，还有一个重要的方面就是跨境企业的类别。明确上述跨境企业特征指标，能够更好地了解不同类别跨境企业合规经营水平的差异。

（三）监测异常情况

对于跨境企业而言，交易主体、信息流、资金流和物流等要素相互联系、相互作用，从而形成完整的跨境商务交易模式。因此，跨境企业海关监测机制亦可以从上述四大要素切入，分析罗列跨境企业异常监测重点所在。通过深入挖掘异常监测信息，分析相应的潜在风险，使得监管部门能够更及时准确地掌握跨境企业的异常变化情况。

（四）其他风险情况

基于消费者角度，部分跨境企业经常出现店铺刷单、虚假评价、商品伪劣等情况，遭到众多消费者差评和投诉，也为企业经营带来了一些新的法律风险。相较于海关监管，消费者对于跨境商品和企业信用的评价信息更为及时、全面，大大减少了交易过程中的信息不对称。同时，消费者评论信息具有极强的指向性，而这些信息恰恰可以作为海关进一步监测评估的重要依据。

二、跨境电商企业多维度评估体系二级指标

根据跨境企业整体合规风险情况，从四大模块中进一步细分出 11 个二级评估指标。

（一）违法规记录

该指标是指被海关或其他部门立案查处且被法院判决的犯罪行为记录，主要以走私犯罪为主，具体包括逃证逃税、骗税、涉及检验检疫和质量安全的犯罪情况等。

（二）违规记录

该指标是指被海关或其他有关部门立案查处的违规行为记录，主要包

括走私行为、申报不实等情况。

(三)企业类别

该指标是指按照某一特征,规划一类企业,形成一个特定企业类别的概念。企业类别指标主要按卖家业务类型和现有信用等级进行划分。

(四)企业规模

该指标是指生产能力、资本资产或劳动力在企业内的集中程度。其衡量方式主要基于注册资金、进出口总额和员工数量三个指标。

(五)企业注册时长

企业注册时长指标主要用于区分新老企业,注重两类企业抗风险能力的差异。

(六)申报异常情况

申报异常指跨境企业在向海关申报时,对申报细节无法准确把握,多次删改申报数据、提交后的"三单"(支付单、物流单、订单)信息无法实现相互验证或存在逻辑异常。具体可以概括为删改单异常、逻辑关系异常、商品品名规格数量价格异常和申报时间异常。

(七)物流支付异常情况

该指标是指在跨境贸易中,跨境企业交易现金流、物流等电子信息出现多批次、多人群与同源(收发地)的特征或出现与申报信息不一致的情况,集中表现在物流流向和支付人身份信息上。

(八)税费缴纳异常情况

该指标是指跨境企业在接到海关发出的税费缴纳通知后,并未及时缴纳税费,出现滞纳滞缴甚至欠缴税费的情况。

(九)稽查核查异常情况

该指标是指海关在期限内,对跨境企业的财务账簿、报关单证、进出口商品以及其他相关材料进行核查,监督跨境企业业务活动的真实性和合法性。

(十)社会征信记录

该指标是指企事业单位或自然人的历史信用记录。主要用于衡量信用主体遵守政策法规、社会公约的情况,有助于评估与其进行交易的风险大小。

(十一)消费者评价情况

该指标是指消费者在消费过程中对所消费商品属性以及附加服务进行的主观评价。消费者评价作为一种信息反馈机制,能够有效减少质量信息不对称情况,从而更好地帮助消费者做出消费决策。

三、跨境电商企业多维度评估体系三级指标

根据上述二级指标的相关概念、逻辑,并深入挖掘,可得到涉证涉税涉检等三级评估指标,如逃证逃税等走私犯罪记录、涉及检验检疫和商品质量安全的犯罪记录、涉及骗税洗钱及其他商业经济诈骗等犯罪记录、侵犯知识产权被查处的记录、走私行为被查处的记录、申报不实等违规行为被查处的记录、联合惩戒黑名单等。具体三级指标可结合监管部门实际需要进行调整和扩充。

第四节 跨境电商企业多维度评估方案

一、统计方法

对包含多个指标的复杂系统进行总评价的方法称为多指标综合评价。在多指标综合评价中,通过数学公式将多个指标对事物不同方面的评估值综合在一起。根据跨境电商企业多维度合规风险的特点,选取加权线性和法进行综合评估,基本公式为:$X = \sum_{i=1}^{n} W_i X_i (\sum_{i=1}^{n} W_i = 1)$。式中,$X$ 为综合评价评估值,W_i 为各评估方面的权重,X_i 为单个评估指标的评估值。

二、评估模型

为了进一步确定评价权重,根据所建立的跨境电商企业多维度评估指

标体系,采用层次分析法(AHP)确定权重,并根据物元分析法对跨境企业合规经营总体风险水平和各层指标(二级指标与三级指标)风险水平进行评估。

(一)层次分析法

层次分析法是目前较为成熟的、应用较多的一种定量分析与定性分析有机结合的评价方法,是可以对一些比较模糊复杂问题做出决策的简易方法。层次分析法大体分为四个步骤,即:

(1)建立层次结构模型;

(2)构造判断矩阵;

(3)层次单排序及其一致性检验;

(4)层次总排序及其一致性检验。

在所构建的跨境电商企业多维度评估指标体系的基础上,采用 Satty 的 AHP 统计构权标度值体系以构造判断矩阵,构权标度值体系可见表 7-1。

表 7-1　AHP 统计构权标度值体系

a_{ij} 值	定义
1	元素 i 与元素 j 一样重要
3	元素 i 比元素 j 稍微重要
5	元素 i 比元素 j 明显重要
7	元素 i 比元素 j 强烈重要
9	元素 i 比元素 j 极端重要
2,4,6,8	元素 i 与元素 j 比较结果处于以上结果的中间
倒数	元素 j 与元素 i 的比较结果是元素 i 与元素 j 比较结果的倒数,即 $a_{ji} = 1/a_{ij}$

在构造好判断矩阵后,进行层次单排序及其一致性检验。判断矩阵特征根问题的解,经归一化处理后即为同一层次相应因素对于上一层次某因素相对重要的排序权值,这一过程称为层次单排序。

然而在实际的评价问题决策过程中,由于决策者对评价问题的主观认知、偏好、学识是不同的,要求决策者对所有判断矩阵都符合一致性要求也是十分困难的,这会导致各判断之间不协调一致,出现相互矛盾的后果,因此必须对指标的判断矩阵进行一致性检验。主要计算过程如下:

（1）计算判断矩阵的最大特征根：

$$\lambda_{\max} = \sum_{i=1}^{n} \frac{(\boldsymbol{Aw})_i}{nw_i}$$

（2）计算一致性指标：

$$CI = \frac{\lambda_{\max} - n}{n - 1}$$

（3）计算满意一致性指标：

$$CR = \frac{CI}{RI}$$

其中，RI 是平均随机一致性指标，具体数值如表 7-2。

表 7-2　RI 的取值规则

阶数	1	2	3	4	5	6	7	8	9	10
RI	0	0	0.58	0.90	1.12	1.24	1.32	1.41	1.45	1.49

一般而言 CR 愈小，判断矩阵的一致性愈好，当 $CR < 0.1$ 时认为评判矩阵具有满意一致性，否则就需要调整判断矩阵，并使之具有满意的一致性。

同理，对各二级、三级指标的权重计算过程与上述一级指标权重的计算过程类似，最终得到一级指标、二级指标、三级指标权重。将各级指标权重相乘，即可得到各测算指标在评价指标体系中的权重。

需要特别注意的是，在指标赋权时，考虑到违法违规记录指标相较于其他指标而言，对于企业多维度评估起到"决定性"作用。因此进行权值排序时，需重点突出违法违规记录指标的重要性。此外，进一步考虑企业出现违法违规记录时，其合规经营水平会呈现断崖式下降。为避免这一情况，进一步将时间算子纳入违法违规行为记录指标权重中。本章将违法行为记录后续影响时间设置为 2 年，违规行为记录后续影响时间设置为 1 年。

（二）物元分析法

跨境电商企业多维度评估本质上是确定待评估企业优劣的隶属度，而企业评估的优劣是在与标准进行比较后产生的结果。物元分析法通过建立被评价目标与评价标准之间的关联度来对被评价对象的整体隶属度进行界定，除此之外，还能够对被评价对象的各组成部分的隶属度进行界定。

跨境电商企业多维度评估的物元分析模型的构建大体分为四个步骤。

(1)确定物元矩阵。用物元分析法评价物元,用矩阵表示为:$\boldsymbol{R} =$

$\begin{bmatrix} N & C_1 & X_1 \\ & C_2 & X_2 \\ & \vdots & \vdots \\ & C_n & X_n \end{bmatrix}$。其中,$\boldsymbol{R}$ 为评价物元;N 为跨境电商企业多维度评估指标体

系的全体;C_n 为评价指标体系的指标;X_n 为 N 关于 C_n 的量值。

(2)确定经典域和节域。物元矩阵各特征值都对应相应的量值,这些量值都有一般的量值范围和最高允许量值范围,称为经典域和节域。

$$\text{经典域 } \boldsymbol{R}_j(N_j, C_i, X_{ji}) = \begin{bmatrix} N_j & C_1 & X_{j1} \\ & C_2 & X_{j2} \\ & \vdots & \vdots \\ & C_n & X_{jn} \end{bmatrix} = \begin{bmatrix} N_j & C_1 & \langle a_{j1} & b_{j1} \rangle \\ & C_2 & \langle a_{j2} & b_{j2} \rangle \\ & \vdots & \vdots \\ & C_n & \langle a_{jn} & b_{jn} \rangle \end{bmatrix}$$

$$\text{节域 } \boldsymbol{R}_p(N_p, C_i, X_{pi}) = \begin{bmatrix} N_p & C_1 & X_{p1} \\ & C_2 & X_{p2} \\ & \vdots & \vdots \\ & C_n & X_{pn} \end{bmatrix} = \begin{bmatrix} N_p & C_1 & \langle a_{p1} & b_{p1} \rangle \\ & C_2 & \langle a_{p2} & b_{p2} \rangle \\ & \vdots & \vdots \\ & C_n & \langle a_{pn} & b_{pn} \rangle \end{bmatrix}$$

其中,经典域中的 N_j 为跨境电商企业评估的第 j 级风险等级($j = 1, 2,$ $3, 4 \cdots \cdots$);X_{ji} 为不同风险等级下各指标的量值范围,可以用 $\langle a_{ji} \quad b_{ji} \rangle$ 来表示。节域中 $\boldsymbol{R}_p$ 为在评价指标中允许最高取值范围的物元,是风险的全体等级。

(3)确定关联函数。关联函数表示物元的量值取值为实轴上一点时物元符合要求的范围程度,可以定量地表述元素具有某种性质的程度。

待评估的跨境电商企业风险用 N_0 表示,$\boldsymbol{R}_0 = \begin{bmatrix} N_0 & C_1 & Y_1 \\ & C_2 & Y_2 \\ & \vdots & \vdots \\ & C_n & Y_n \end{bmatrix}$,其中 Y_n

为待评跨境企业各个指标的量值。

设 N_0 到 N_j 的距为 $\rho(Y_i, X_{ji})$,N_0 到 N_p 的距为 $\rho(Y_i, X_{pi})$,则关联函数为:

$$K_j(Y_i) = \begin{cases} \dfrac{-\rho(Y_i, X_{ji})}{|X_{ji}|}, Y_i \in X_{ji} \\ \dfrac{\rho(Y_i, X_{ji})}{\rho(Y_i, X_{pi}) - \rho(Y_i, X_{ji})}, Y_i \notin X_{ji} \end{cases}$$

其中：

$$\rho(Y_i, X_{jt}) = \left| Y_t - \frac{a_{jt} + b_{jt}}{2} \right| - \frac{b_{jt} - a_{jt}}{2}, \rho(Y_i, X_{pi}) = \left| Y_i - \frac{a_{pi} + b_{pi}}{2} \right| - \frac{b_{pi} - a_{pi}}{2}$$

（4）确定关联度和等级评定结果。根据每个评价指标的关联函数 $K_j(Y_i)$，以及层次分析法所确定的加权系数 ω_i，可以得到待评估对象关于风险等级 j 的关联度：$K_j(N_0) = \sum_{i=1}^{n} \omega_i K_j(Y_i)$。跨境电商企业指标体系的风险等级判断的主要依据是最大关联度原则。若 $K_{j0} = \max K_j(N_0)$，则风险指标处于第 j 级。

第五节 跨境电商企业多维度评估应用价值及说明

一、企业多维度评估应用价值

企业多维度合规风险评估和精准画像具有多方面的应用价值。

（一）从企业经营管理的角度

完善的企业多维度评估体系可以准确评估跨境企业合规经营状况，从而使其更加清晰地认识到自身的不足；同时企业多维度评估结果也会促使跨境企业尽可能地避免合规风险和信用风险，减少经营损失，提升经营管理水平。

（二）从交易主体的角度

完善的企业多维度评估体系可以在一定程度上降低由信息不对称问题所带来的交易风险和成本，为交易双方提供更为全面可靠的参考，提升双方交易意愿。

（三）从行业规范的角度

完善的企业多维度评估体系有利于行业自律和相关部门的监管，有效防范少数跨境企业的违法违规和失信行为及其对行业整体发展的负面影响,有利于促进跨境电商行业规范发展,维护其行业声誉和良好的市场秩序。

(四)从海关监管的角度

企业画像围绕监管工作实际,动态搜集整合几百条甚至几千条不同来源的信息,在汲取大量监管经验的基础上有效辅助风险预警和日常核查,能显著提高监管效率,实现全方位监管。

二、跨境电商企业多维度评估应用说明

本章所构建的企业多维度评估体系从三个层面、四大模块、多个环节、多种因素切入,进行结构化评估。较原有海关企业管理体系而言,所涵盖指标更为完善,指标数量超过 30 个。但在实际评估中,数据获取环境异常复杂。企业注册信息数据、稽巡查数据、报关单数据以及缴纳税费等评估体系所需数据分别由多个部门独立收集保存,多个相关监管部门并未实现数据互通、数据溯源,因此目标指标数据存在不能够完全获取的情况,这也就导致无法对跨境电商企业的合规经营风险进行准确评估,使得结果存在片面性。此外,如若缺失的指标又恰好为评估体系的关键指标数据,那么评估过程将极大受限,甚至无法进行评估。

综合来说,数据来源受限、存在数据信息盲区、数据利用效率低下等问题均导致跨境电商企业多维度评估实证无法展开,难以准确反映被评估企业的合规经营风险水平,更无法精确地实现上述监管价值。

第六节　跨境电商企业多维度评估结论及建议

一、结论

跨境电商企业多维度评估体系是在原有海关企业管理体系的基础上,遵循"三个层面、四个模块、多个环节、多种因素"的逻辑,进一步完善得到。涵盖违法违规记录、基本经营情况、监测异常情况以及其他风险情况四大模块,共包括 33 个具体三级指标。为更加客观地评估跨境企业合规经营风险

水平,采用层次分析法与物元分析法相结合的方法,不仅能够得到跨境企业总体合规经营风险水平,还能够得到各层指标(二级指标与三级指标)的风险水平,帮助相关监管部门明确某跨境企业的风险点所在。但在实际测评过程中,数据利用效率低下、数据来源受限、存在数据信息盲区以及动态管理机制不完善等问题,导致在新构建的指标体系下,跨境电商企业合规经营风险水平评估存在一定困难。

二、相关建议

打破"数据孤岛",整合内部外部数据资料,消除监管盲区,建立涵盖商品、经营者信用、财务指标、违法违规处罚记录、申报数据、平台运营等企业相关信息的完备企业档案库。

制定对跨境企业申报进行全流程监管的相关法律。明确跨境企业与平台的权利与义务,做到权责明确,边界清晰,完善事前布控、事中核对与事后追踪追责机制,使"三单"数据真实有效。

实地巡查,核实企业海关基础数据。核实企业海关注册信息数据、企业经营状况及生产能力证明、部分能有效反映企业信用和进出口申报情况的重要数据是否真实有效。

定期走访调研风险等级较高的跨境企业,收集其违法违规行为、生产经营以及进出口贸易情况等资料,将具体案例资料整理形成书面调研报告以明确监管重点所在。

8

第八章 跨境电商政策效应评估

　　跨境电商的迅速发展使其在中国的经济地位不断上升,如何有效促进跨境电商的健康发展成为目前重要而迫切的任务,由此我国各政府管理部门都在积极分析跨境电商各个层面问题,并提出制定一系列政策来确保跨境电商持续稳定的发展。然而,跨境电商是一个复杂的系统,政府管理需依据具体情况,与跨境电商企业共同努力打造一个健康持续的新业态,同时建立与新业态匹配的合理有效的监管体系,兼顾新业态发展对传统产业的冲击,把握政策间的协调。

第一节　跨境电商政策效应评估的意义

　　我国对跨境电商采取行业自律、法律约束和行政管理相结合的管理体制,因此业态发展既需要经营主体大胆创新,合规经营,也需要跨境电商生态圈的协同发展,和谐共生,更需要政府鼓励支持,规范引导。纵观跨境电商在我国的发展历程,我国从中央到地方各级政府,秉持鼓励创新、包容审慎、协同共管的理念,不断创新发展模式、夯实基础设施、完善管理政策、健全风险防控,推动跨境电商在发展中规范、在规范中发展,闯出一条具有中国特色的跨境电商发展之路。这其中,离不开法治的基础保障,政策的鼓励支持,主管机关的规范扶持和地方政府的大力推动和配套支持。但跨境电商作为互联网时代的外贸新业态,体现出与传统外贸截然不同的诸多特征,如要素数据化、生产柔性化、交易泛在化、需求个性化、贸易碎片化、运营平台化等,这些特征意味着跨境电商所涉及的主管机关和政策领域要远远广于传统贸易。因而,对跨境电商现有政策开展科学评估,并在此基础上进行合理优化与调整,进而推动业态演进与政策制定的协同发展,对确保实现跨境电商健康持续发展具有重要意义。

第二节 跨境电商政策效应评估的思路与逻辑框架

一、当前跨境电商政策评价的缺陷与原因分析

目前研究对跨境电商政策评价多限于从整体上对跨境电商的相关政策进行定性的综合评价,鲜有通过具体业务数据对某一领域政策进行实证分析与评估,这使得研究可信度不高,研究结论缺乏针对性与可操作性。其原因主要在于目前缺乏科学、权威、统一的跨境电商进出口数据,不同机构对跨境电商的概念定义不统一,对其内涵与外延不明确,统计范围和统计口径不一致;同时,目前尚未建立完整、科学的跨境电商统计监测体系,指标设置、数据采集、统计方法等尚未完善;此外,数出多门,没有严格落实数据归口管理和统一发布规定,以及考核和激励政策等诸多因素也影响到数据的准确性。

鉴于上述原因,不同机构虽然对跨境电商的发展趋势、消费结构、市场结构的判断基本一致,但在业务规模、进出口结构等方面还存在较大差异。正如前文所述,由于统计口径的差异,目前对跨境电商发展底数不清,对发展规模和业态类型缺乏清晰的判断,也难以通过现有数据对跨境电商政策实施精确科学客观的评价,无法起到服务决策的作用。因此,课题组根据海关对跨境电商监管实际,拟通过海关跨境电商信息管理系统采集精确全面的跨境电商进出口数据,并以此为基础,结合互联网及相关部门发布的跨境电商及相关领域的统计数据,对相关的政策效应开展评估。

二、利用海关统计数据开展跨境电商政策效应评估的总体思路

目前,通过海关跨境电商管理信息系统可以获取完整翔实的跨境电商进出口数据,时间可上溯至 2015 年,可为开展跨境电商政策评估提供较为全面准确的数据源。开展政策效应评估的总体思路如下。

（一）选取评估的重点内容

课题组对我国各级政府机关下发的跨境电商相关政策进行详细梳理，选取政策变化较大的时间节点，观察跨境电商业务规模的变化情况，从中选取评估的重点。根据跨境电商进出口月度数据变化情况，并结合评估的可操作性，课题组选择跨境电商零售进口政策作为评估重点对象，结合政策变化特征，重点选择跨境电商综试区、跨境电商进口税、跨境电商零售进口商品清单（以下简称"正面清单"）作为研究对象。

（二）确定评估的主要方法

利用计量模型对跨境电商政策效应进行分析，分析方法包括：（1）关联性分析。一是利用相关系数定量分析跨境电商综试区规模、税率变化及跨境电商进口商品种类规模分别与全国与浙江省网络零售额、消费品一般贸易进口值、跨境电商进口总值及社会消费品零售总额的相关程度。二是利用回归关系测度上述三个政策变量对跨境电商进口值的贡献程度。三是通过三个政策弹性系数分析不同时段的跨境电商政策对跨境电商进口值的影响程度。（2）差异性分析。为深入了解跨境电商政策对不同区域跨境电商进口值的影响，课题组从跨境电商税率变化与进口商品种类变化两个角度，对广州、上海、杭州等 6 个综试区的进口值进行了整体关联与差异性定量分析。

（三）进行跨境电商政策分析

跨境电商政策分析主要包括：（1）综合性分析。利用计量分析工具，对跨境电商综试区规模、税率、商品种类对跨境电商进出口规模的影响进行分析。（2）区域竞争性分析。利用空间计量模型对广州、上海、杭州、重庆等 7 个综试区的跨境电商进口值进行验证。（3）企业发展状态分析。主要研究跨境电商企业发展状况，分析目前我国的跨境电商市场格局。（4）商品结构分析。利用头部企业商品结构，分析进口消费品结构，为扩充正面商品清单提供数据支撑。

三、利用海关统计数据开展跨境电商政策效应评估的总体思路

根据上述思路，跨境电商政策效应评估的主要框架如图 8-1 所示。

评估指标体系中的因变量包括跨境电商进口总值、消费品一般贸易进口总值、网络零售总额。评估指标体系中的自变量包括跨境电商综试区数量、跨境电商零售进口综合税率、正面清单中的商品种类数量。

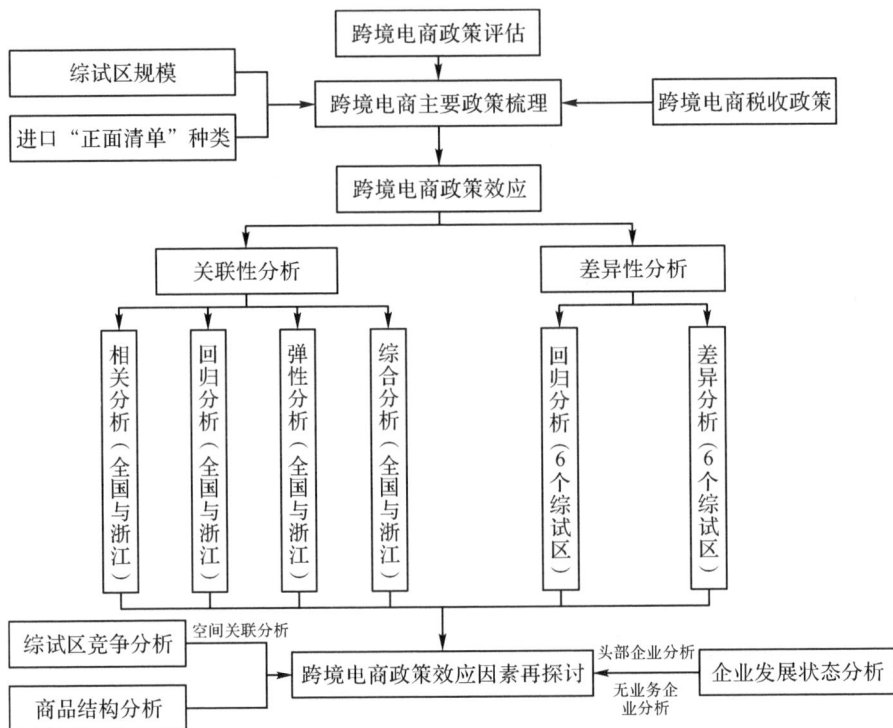

图 8-1 跨境电商政策效应评估逻辑框架

数据来源于商务部、国家统计局、海关总署,以及各地跨境电商综试区官网、2015—2019 年全国及浙江省国民经济和社会发展统计公报、国务院关于同意设立跨境电商综试区的系列批复文件、财政部等国家相关部委关于跨境电商零售进口商品税收政策及商品清单等系列公告。各指标均依据原指标取值,跨境电商综试区规模以不同时段国务院批复文件中的城市数量为准。

具体评估中利用皮尔逊相关系数来研究跨境电商进口值等因变量与政策变量之间的关联状况;利用回归方程定量分析各政策变量对各地区的跨境电商进口值(消费值)的贡献度及其地区差异;利用弹性系数测度不同时期各政策变量与跨境电商变化关系;利用 Moran I 值测度不同综试区之间的跨境电商综试区之间竞争关系;利用平均值与比例分析企业发展状况与商品结构。相关方法如下。

(一)皮尔逊相关性分析

相关系数最早是由统计学家卡尔·皮尔逊设计的统计指标,是研究变量之间线性相关程度的量。两个变量之间的相互关系及其相关方向可由相关系数大小和正负情况确定,但无法确切地表明两个变量之间相关的程度。相关系数是按积差方法计算,以两个变量与各自平均值的离差为基础,通过两个离差相乘来反映两个变量之间相关程度。

相关系数通常用字母 r 表示。由于研究对象不同,相关系数定义方式也会随之变化,但是皮尔逊相关系数最为常用。具体计算公式如下:

$$r(x,y) = \frac{\text{cov}(x,y)}{\sqrt{\text{var}(x)}\ \sqrt{\text{var}(y)}} = \frac{E(xy) - E(x)E(y)}{\sqrt{\text{var}(x)}\ \sqrt{\text{var}(y)}}$$

其中,$E(xy)$、$E(x)$、$E(y)$ 分别为变量 xy、x、y 的均值,$\text{var}(x)$、$\text{var}(y)$ 分别为变量 x、y 的方差。$r(x,y)$ 主要有以下三点性质:(1) $|r(x,y)| \leqslant 1$;(2)当 $r(x,y)$ 小于 0 时,x 与 y 具有负相关关系,当 $r(x,y)$ 大于 0 时,x 与 y 具有正相关关系,当 $r(x,y)$ 为零时,两者独立;(3) $|r(x,y)|$ 越接近 1,则 x 与 y 相关关系越高。

(二)回归分析

回归分析是一种预测性的建模技术,它研究的是因变量(目标)和自变量(预测器)之间的关系。这种技术通常用于预测分析,分析时间序列模型以及发现变量之间的因果关系。我们这里主要应用最小二乘法(OLS)进行回归分析的参数估计,即通过一系列预测变量来预测响应变量(也可以说是在预测变量上回归响应变量)。线性回归是指对参数 β 为线性的一种回归(即参数只以一次方的形式出现)模型:

$y_t = \alpha + \beta x_t + \mu_t \ (t = 1, \cdots, n)$ 表示观测数;

y_t 被称作因变量;

x_t 被称作自变量;

α、β 为需要最小二乘法去确定的参数,或称回归系数;

μ_t 为随机误差项。

OLS 回归的基本原则是最优拟合曲线应该使各点到直线的距离的平方和(即残差平方和,简称 RSS)最小。目标是通过减少响应变量的真实值与预测值的差值来获得模型参数(截距项和斜率),使 RSS 最小。

$$RSS = \sum_{t=1}^{n}(y_t - \hat{y}_t)^2 = \sum_{t=1}^{n}(y_t - \hat{\alpha} - \hat{\beta}x_t)^2$$

为了能够恰当地解释 OLS 模型的系数,数据必须满足以下假设:

正态性:对于固定的自变量值,因变量值成正态分布。

独立性:个体之间相互独立。

线性相关:因变量和自变量之间为线性相关。

同方差性:因变量的方差不随自变量的水平不同而变化,即因变量的方差是不变的。

(三)弹性分析

弹性,是指两个变量变动比例的对比,即自变量变动率与因变量变动率的对比。弹性系数是指反映自变量变动引起因变量变动的程度,或因变量对自变量变动的反应程度。弹性系数主要分为点弹性系数与弧弹性系数。鉴于影响跨境电商进口的要素数据是离散的且具有时段性,故利用各时段均值计算弧弹性系数进行分析,具体计算公式如下:

$$E_d = \{\Delta y / [(y_1 + \cdots + y_{t_1} + y_{t_1+1} + \cdots + y_{t_2})/(t_1 + t_2)]\} / \{\Delta x / [(x_1 + \cdots + x_{t_1} + x_{t_1+1} + \cdots + x_{t_2})/(t_1 + t_2)]\}$$

其中,$\Delta y = (y_{t_1+1} + \cdots + y_{t_2})/t_2 - (y_1 + \cdots + y_{t_1})/t_1$;$\Delta x = (x_{t_1+1} + \cdots + x_{t_2})/t_2 - (x_1 + \cdots + x_{t_1})/t_1$。

(四)空间关系分析评估模型

可通过全局 Moran's I 分析相邻空间位置观察值的相似程度来测量全局空间自相关的大小。全局 Moran 指数 I 的计算表达式为:

$$I = \frac{n\sum_i\sum_j W_{ij}(x_i - \bar{x})(x_j - \bar{x})}{\sum_i\sum_j W_{ij}\sum_{i=1}^{n}(x_i - \bar{x})^2} = \frac{n\sum_{i=1}^{n}\sum_{j=1}^{n}W_{ij}(x_i - \bar{x})(x_j - \bar{x})}{s^2\sum_{i=1}^{n}\sum_{j=1}^{n}W_{ij}}$$

其中,n 为观察地区个数,x_i、x_j 及 $\bar{x}$ 分别是第 i、j 个地区的观测值和所有地区跨境电商进口值的平均数。W_{ij} 是空间权重,Moran's I 值取值范围为 -1 至 1,与拟合优度相似,当它为正值时,地区间存在正相关关系,为负值时,存在负相关关系。绝对值越趋近于 1,说明相关程度越接近;越趋近于 0,说明地区间相关性越小。

与大多数其他相关系数不同,Moran's I 不能以计算值作为指数,而需要在确定统计意义之后才能读取结果。可以通过假设检验完成,即计算标准化 z 值及其相关的 p 值。该检验的零假设是数据是随机分配,备择假设是数据具有空间聚集性。两种可能的情况是:(1) z 值为正,数据以某种方式在空间上聚集。(2) z 值为负,数据以竞争方式聚集。例如,高值可能是排斥高值,或者负值可能是排斥负值[1]。其中,标准化处理方式如下:

$$z = \frac{\text{Moran's I} - E(I)}{VAR(I)}$$

第三节 跨境电商政策效应评估的实证分析

一、评估对象及指标的选取说明

从 2015 年 3 月国务院同意在杭州市设立我国第一个跨境电商综合试验区开始,到 2020 年 4 月批复同意设立第五批综试区,全国跨境电商综试区已达 105 个,覆盖全国 30 个省、自治区、直辖市。目前跨境电商进口仍以零售消费品为主,由于跨境电商综试区、正面清单关系到跨境电商零售进口业务的准入范围、规模和结构,跨境电商进口税关系到进口商品的成本,同时考虑到跨境电商零售进口以零售消费品为主,其进口总值应与消费品一般贸易进口总值、网络零售额、社会消费品零售总额相关。因此,跨境电商零售进口政策评估可通过对上述数据进行实证研究,了解和掌握影响跨境电商零售进口业务的主要因素及其影响力,为政策优化提供决策依据。

根据上述思路和实际情况,评估指标选定为跨境电商综试区数量、跨境电商零售进口商品综合税率和正面清单商品种类数,同时将消费品一般贸易进口总值、网络零售额、社会消费品零售总额作为参考指标。其中,跨境电商零售进口商品综合税率截至 2020 年只有增值税税率发生变化,因此暂将增值税税率作为评估指标以简化计算。由于杭州是全国首个设立跨境电商综试区的城市,其发展具有典型意义,因此在评估中将浙江省与全国整体情况进行对比,以期更精准地了解跨境电商政策效应。全国及浙江省的评估指标数据分别见表 8-1 和表 8-2。

---

[1]　张栋才:《区域能源效率的空间关联及分异研究》,浙江工商大学硕士学位论文,2017 年。

表 8-1　全国跨境电商相关指标基本情况表

时间	因变量				自变量		
	跨境电商进口总值/亿元	消费品一般贸易进口总值/亿元	网络零售额/亿元	社会消费品零售总额/亿元	综试区数量/个	增值税税率/%	正面清单商品种类数
2015	142.9	104485	38773	300931	1	17	1142①
2016	261.4	104932	51556	332316	13	17	1255
2017	562.2	124602	71751	366262	13	17	1255
2018	785.5	140874	90065	380987	35	16	1255
2019	927.8	143148	106324	411649	35②	13	1321

表 8-2　样本省跨境电商相关指标基本情况表

时间	因变量				自变量		
	跨境电商进口总值/亿元	消费品一般贸易进口总值/亿元	网络零售额/亿元	社会消费品零售总额/亿元	综试区数量/个	增值税税率/%	正面清单商品种类数
2015	56.2	4392	7611	19785	1	17	1142
2016	84.4	4536	10307	21971	2	17	1255
2017	162.7	6158	13337	24308	2	17	1255
2018	235.8	7337	16719	25008	3	16	1255
2019	278.1	7762.1	19073	26310	3²	13	1321

二、评估指标的相关性分析

评估采用皮尔逊相关性分析法,由相关系数大小和正负确定变量之间的相关性。全国和样本省跨境电商指标相关系数的计算结果详见表 8-3。

① 2015 年正面清单种类数是以第一次公布的清单种类数替代。

② 由于第 4 批、第 5 批跨境电商综试区分别于 2019 年 12 月和 2020 年 4 月批复,设立时间不足一年,故 2019 年全国综试区个数应仍为 35 个。

表 8-3　跨境电商指标相关系数情况

		综试区数量	增值税税率	正面清单商品种类数
跨境电商进口总值	全国	0.9356**	−0.7851	0.8144*
	样本	0.9251**	−0.8063*	0.8017
消费品一般贸易进口总值	全国	0.9236**	−0.7374	0.7152
	样本	0.8989**	−0.7624	0.7474
网络零售额	全国	0.9422**	−0.8233*	0.8452*
	样本	0.9504**	−0.8069*	0.8577*
社会消费品零售总额	全国	0.9103**	−0.7906	0.9015*
	样本	0.9273**	−0.7153	0.9008**

注：***代表在 0.01 显著水平下显著，**代表在 0.05 显著水平下显著，*代表在 0.1 显著水平下显著；自变量分别为综试区数量、增值税税率、正面清单商品种类数，因变量分别为跨境电商进口总值、消费品一般贸易进口总值、网络零售额、社会消费品零售总额。

由表 8-3 可知，跨境电商进口总值、消费品一般贸易进口总值、网络零售额、社会消费品零售总额与跨境电商综试区数量、正面清单商品种类数为正相关，与增值税税率为负相关，符合预期。其中，全国以及样本省的跨境电商进口总值与综试区数量的相关系数均为显著。然而，全国跨境电商进口总值与正面清单种类数的相关系数显著，与增值税税率相关系数并不显著，样本省则相反。经深入调研分析，由于跨境电商零售进口设定个人交易限值①，绝大多数跨境电商进口交易值均在限值以内，对增值税税率变化不敏感，故从全国角度看跨境电商零售进口业务与增值税税率相关系数并不显著。而样本省则由于跨境零售进口业务开展较早，其主要进口商品均已列入正面清单，故其对正面清单商品种类数量的相关系数并不显著。而其之所以与增值税税率相关系数显著，是由于增值税税率突出的变化节点在

---

① 根据 2016 年财政部、海关总署、国家税务总局《关于跨境电商零售进口税收政策的通知》（财关税〔2016〕18 号），跨境电商零售进口商品属于个人物品，按正面清单管理，单次交易限值为 2000 元，个人年度交易限值为 20000 元。限值以内进口商品免征关税，进口环节增值税、消费税取消免征税额，暂按法定应纳税额的 70% 征收。超过单次限值、累加后超过个人年度限值的单次交易，以及完税价格超过限值的单个不可分割商品，均按一般贸易方式全额征税。2018 年《关于完善跨境电子商务零售进口税收政策的通知》（财关税〔2018〕49 号）中，又进一步将个人单次交易限值提高至 5000 元，个人年度交易限值提高至 26000 元。

2016年"4·8"新政前后,此时该省综试区已有一年多的业务流量,可以反映税率变动造成的影响,而第二批综试区仅设立不足4个月,业务流量不足,无法准确反映税率变动造成的影响。故在计算结果上表现在跨境电商零售进口总值与增值税税率变动的相关系数方面,样本省的显著性要高于全国。

从表8-3中还可以看出,消费品一般贸易进口总值与跨境电商综试区数量相关系数显著,与增值税税率及正面清单的商品种类数的相关系数均不显著,说明跨境电商综试区数量增加可以较为明显地带动消费品一般贸易进口,由于一般贸易进口不受跨境电商零售进口商品税率及正面清单的变化影响,因此与二者的相关系数并不显著;网络零售额与跨境电商综试区数量相关系数显著,与增值税税率及正面清单商品种类数相关系数较为显著,说明网络零售额较为直接地受到跨境电商综试区数量、增值税税率及正面清单的影响;社会消费品零售总额则与跨境电商综试区数量、正面清单商品种类数相关系数均为显著,而与增值税税率相关系数并不显著,说明跨境电商综试区数量、正面清单商品种类数的增加可以有效地培育新的消费需求和消费模式,带动社会消费品零售总额提高。

三、政策要素间的影响分析

评估采用最小二乘法(OLS),对全国及样本省跨境电商进口值与跨境电商综试区数量、正面清单的商品种类数和增值税税率进行线性回归分析,定量分析三个自变量对跨境电商进口值的影响。计算结果详见表8-4。

表 8-4　全国及样本省跨境电商进口总值回归情况

因变量	截距项	正面清单商品种类数	增值税税率	综试区数量	备注	时段
全国跨境电商进口总值	−179.41**	0.21***	−3.34	0.65**	协整	2014年8月至2019年11月
样本省跨境电商进口总值	−20.99	0.0393**	−1.34**	3.54***	协整	

注:***代表在0.01显著水平下显著,**代表在0.05显著水平下显著,*代表在0.1显著水平下显著。

由表8-4可知,正面清单商品种类数、增值税税率、综试区数量与全国及样本省跨境电商进口值具有长期协整关系。从系数来看,跨境电商综试区数量对样本省跨境电商零售进口总值促进作用最大(3.54)且远大于全国(0.65),正面清单商品种类数增加和增值税税率下降对全国跨境电商零售进口总值促进作用均大于样本省。

四、政策要素变动的影响分析

评估采用弹性分析法，分析跨境电商综试区数量、正面清单商品种类数、增值税税率对全国及样本省跨境电商进口值在不同时段的弹性系数，以反映政策出台前后自变量变动引起因变量变动的不同程度。时段的划分根据各政策出台的时间确定，因此三类政策所选取的时段各不相同。计算结果详见表8-5。

表 8-5　全国及样本省弹性系数分析结果

自变量类型	全国	样本省	时段
正面清单商品种类数	12.23	10.88	2014 年 8 月—2016 年 3 月，2016 年 4 月—2018 年 12 月
	11.19	10.84	2016 年 4 月—2018 年 12 月，2019 年 1 月—2019 年 11 月
增值税税率	−20.38	−19.33	2014 年 8 月—2018 年 4 月，2018 年 5 月—2019 年 3 月
	0.56	−0.49	2018 年 5 月—2019 年 3 月，2019 年 4 月—2019 年 11 月
综试区数量	0.80	0.74	2014 年 8 月—2015 年 2 月，2015 年 3 月—2015 年 12 月
	0.70	1.23	2015 年 3 月—2015 年 12 月，2016 年 1 月—2018 年 8 月
	−0.0001	0.0000	2016 年 1 月—2018 年 7 月，2018 年 8 月—2019 年 11 月

从正面清单商品种类数的弹性系数看，清单商品数量增加后，跨境电商进口值相应增长，全国增长幅度高于样本省，但增长幅度存在递减效应，且全国递减幅度大于样本省。

从增值税税率的弹性系数看，2018 年 5 月增值税税率从 17％ 降到 16％，相比 2019 年 4 月从 16％ 降到 13％，跨境电商进口值增加更为明显，其主要原因可能是后一时段的政策施行时间还不够长，使得短期内增值税税率的政策效应并未得到体现；从地域来看，两次增值税政策的调整均促进了全国跨境电商零售进口值的增长，且增幅均高于样本省相应增幅。

从综试区数量的弹性系数看,样本省的第二批综试区数量增加对样本省跨境电商进口值影响较大。对于全国,随着综试区数量增加,跨境电商进口值变化幅度趋小,甚至第三批综试区的扩张竟对跨境进口值具有微小的反向作用,表现出非常明显的边际效应递减倾向,这是很值得深思的问题。分析后发现,主要有两个原因:一是相较第一、二批跨境电商试点城市,第三、四批试点城市的跨境电商基础相对薄弱,所以跨境电商发展不如预期,甚至有的城市在综试区政策出台半年或者一年之后还没有进出口实绩,或者业务量非常小,边际效应递减现象相当明显,增量有限;二是各地同质化竞争带来的负面影响,一些新综试区通过超常规优惠措施分流老综试区存量业务,影响市场化运营和规模效应,甚至对全国跨境电商业务增长产生负向作用。

五、差异性分析

(一)主要跨境电商综试区业务差异性分析

由于样本综试区起步较早,且发展相对比较成熟,因此在研究中将这 6 个跨境电商综试区自 2015 年 3 月—2019 年 11 月期间的面板数据进行回归分析,同时对该全时间段与"4·8"新政后时间段的回归分析结果进行比较。具体做法如下:先对其进行 Hausman 检验,选取随机效应进行面板回归,并进行季节调整。计算结果详见表 8-6。

表 8-6　六个主要综试区跨境进口总值回归分析结果

变量	回归系数	
	2015 年 3 月—2019 年 11 月	2016 年 5 月—2019 年 11 月
正面清单商品种类数	459.771***	178.99
增值税税率	−11107.960***	−14598.45***
截距项	−307068.051***	108453.35

注:***代表在 0.01 显著水平下显著。

根据表 8-6 计算结果可知,从全时段看,正面清单商品种类数、增值税税率与 6 个主要综试区的跨境进口总值均具有显著相关关系。但从"4·8"新政后的时段来看,增值税税率与 6 个综试区跨境电商进口总值具有显著相关关系。正面清单商品种类数对 6 个综试区进口值有正向促进作用,但不显著,其原因可能是新政推出后尤其是电子商务法出台后对各综试区跨境电商监管要求更趋规范、实际监管加强等情况,部分抵消了正面清单放宽的影响。另外,跨境电商进口消费市场商品品类集中也是原因之一,具体影响程度将在后续商品结构中分析。

(二)主要跨境电商综试区政策效应差异性分析

(1)2014 年 8 月至今的全时段分析。由于各个综试区自身存在差异,相同政策对 6 个综试区跨境电商进口值的影响不尽相同。课题组在研究过程中利用 EG 两步法对 6 个综试区的数据进行回归,季节调整后结果见表 8-7。

表 8-7 六个主要综试区全时段回归分析结果

地区	截距项	正面清单商品种类数	增值税税率	时段	备注
综试区 A	−508549**	812.7418***	−23672.91***	2014 年 8 月—2019 年 11 月	协整
综试区 B	−272254.7**	260.3707***	409.3299	2015 年 3 月—2019 年 11 月	协整
综试区 C	−194070.9	425.1271***	−15967.82***	2014 年 8 月—2019 年 11 月	协整
综试区 D	−876888***	1089.617***	−19153.73***	2014 年 8 月—2019 年 11 月	协整
综试区 E	−96894.93*	157.749***	−4437.532***	2014 年 9 月—2019 年 11 月	协整
综试区 F	−505149.2***	395.4319***	4476.916**	2014 年 8 月—2019 年 11 月	协整

注:***代表在 0.01 显著水平下显著,**代表在 0.05 显著水平下显著,*代表在 0.1 显著水平下显著。

由表 8-7 计算结果可知,正面清单商品种类的扩大对 6 个综试区跨境电商进口值的影响均为正值,且对综试区 D 的影响最大(1089.617),即每当正面清单商品种类增加 1 种时,促使综试区 D 跨境电商进口值增加 1089.617 万元。而对综试区 E 的正面促进影响最小,仅增加 157.749 万元,与最大的综试区 D 相差甚远(仅为 D 的 14.48%)。

需要关注和深入研究的是增值税税率对 6 个综试区跨境电商进口值的影响,并非完全一致,有反向影响,也有正向影响,负相关符合预期,正相关出乎意料。当增值税税率下降 1% 时,综试区 A 负相关最显著,促使其跨境电商进口值增加 23672.91 万元。增值税税率下降对综试区 B 跨境电商进口值呈正向影响,但是统计意义上不显著。增值税税率下降对综试区 F 跨境电商进口值呈正向影响,且呈显性。进一步分析,这与各综试区跨境电商进口的商品结构有关,"4·8"新政有关税收政策对不同商品的税负影响不同,如前面有关章节的政策影响分析,综合成本与行邮税相比,不同商品成本有降有升,其中部分中档产品税负下降刺激消费和进口,但是绝大部分低档与高档的商品因成本不降反上升而抑制消费影响进口。

(2)"4·8"新政后时段分析。本部分数据选取 2016 年 5 月至今的数据,即对"4·8"新政实施后的时段进行分析。研究方法为:先用 EG 两步法对 6 个综试区的跨境电商进出口数据进行回归分析,然后进行季节调整处理。计算结果详见表 8-8。

表 8-8 六个主要综试区"4·8"新政后时段回归结果

地区	截距项	正面清单商品种类数	增值税税率		备注
			"4·8"新政之后	全时段	
综试区 A	83351.1	370.0801	−25644.59***	−23672.91***	协整
综试区 B	−215718.6	212.6393	733.7474	409.3299	协整
综试区 C	−6480.074	269.2911	−15226.03***	−15967.82***	协整
综试区 D	−372340.6	722.6946	−21340.34	−19153.73***	协整
综试区 E	−405770.2*	344.8629***	168.1475	−4437.532***	协整
综试区 F	45804.21	28.21677	−644.9254	4476.916**	协整

注:***代表在 0.01 显著水平下显著,**代表在 0.05 显著水平下显著,*代表在 0.1 显著水平下显著。

由表 8-8 计算结果可知,在"4·8"新政后时段,正面清单商品种类数增加对跨境电商进口值有正向促进作用,但除综试区 E 的系数显著外,其余 5 个综试区的系数均不显著,说明在新政之后,正面清单商品种类数增加对跨境电商进口的增长促进作用在统计意义上不显著。然而增值税税率的下降对除 B 以外 5 个综试区的跨境电商进口值均有正向促进作用,其中,对 A 的影响最高。此外,在"4·8"新政之后,增值税税率下降对 A 的跨境电商进口值具有的促进作用增强,对 B 与 D 的跨境电商进口值虽然也逐渐增强,但不显著。

综上可知,由于各综试区的自身特点不同,政策影响差异较大。

六、主要综试区空间关系分析评估结果

随着跨境电商综试区规模的不断扩大,各个综试区之间不可避免地存在竞争关系,因而不同综试区之间的跨境电商进口值会出现一定竞争集聚的现象。

自 2015 年综试区政策建立以来,广州、杭州、宁波、上海、深圳、郑州与重庆等 7 个综试区发展相对成熟、业务量较大且具备较好的统计数据。因此对这 7 个综试区跨境电商进口值空间关系进行分析,主要通过全局 Moran's I 分析相邻空间位置观察值的相似程度来测量全局空间自相关的大小,并对其进行 999 次模拟。最终计算结果详见表 8-9。

表 8-9　跨境电商综试区跨境电商进口总值 Moran's I 值

统计量	2015	2016	2017	2018	2019
Moran's I	-0.3686^*	-0.5808^*	-0.6434^*	-0.5357^*	-0.5417^*
z	-0.8125^*	-1.6121^*	-1.6489^*	-1.3909^*	-1.3133^*
p	0.089	0.08	0.077	0.086	0.053

注:***代表在 0.01 显著水平下显著,**代表在 0.05 显著水平下显著,*代表在 0.1 显著水平下显著。

由表 8-9 计算结果可知,2015—2019 年的 Moran's I 与 z 值均为负值,且在 0.1 显著水平下显著,故跨境电商综试区进口值与周围跨境电商综试区进口值之间具有负相关关系,说明各个综试区进口业务之间存在一定的竞争关系。

七、跨境电商企业发展状况分析

为了解跨境电商企业发展状况,将对某样本省跨境电商进口头部企业与一年以上未有跨境电商进口业务企业进行分析。

(一)跨境进口头部代表企业发展状况

选取 2016 至今具有代表性的 10 个跨境电商企业(简称 A 企业群)的情况进行分析。首先可以看出,该 10 个企业发展迅速,到 2019 年 12 月为止,其跨境进口总值已经达到 297.02 亿元,占样本省跨境电商进口值的 65.14%,见图 8-2。也就是说,自 2016 年以来该十大企业的跨境电商进口业务对该省跨境电商进口总量具有决定性作用。此外,这十家企业注册地主要集中在前两批试点城市内,这也是第一批与第二批综试区的建立对该

省跨境电商的进口值拉动较大,而在综试区进一步扩大之后,其对跨境电商进口值增长并未显著促进的主要原因。

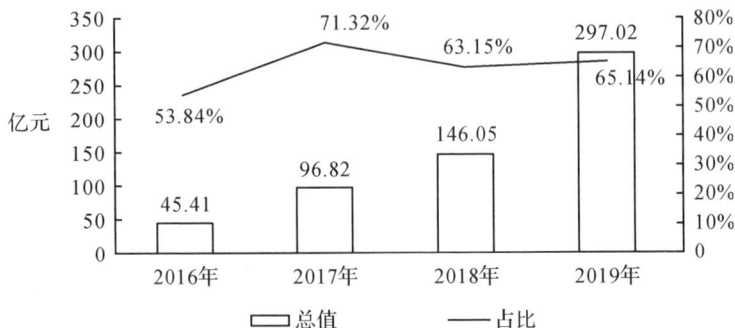

图 8-2　2016 年以来样本省十大跨境电商企业(A)发展情况

(二)无进口业务企业发展情况

跨境电商在经历发展初期的野蛮生长之后,进入了规范有序发展阶段,但同时行业竞争也愈加激烈。中小电商企业发展状况如何关系到未来跨境电商业态的商业结构、组织形式,关系到社会就业、稳定发展、福利增进等诸多方面。因此,有必要对目前无业务的存量企业进行研究。课题组选取了 31 家存续时间超过 12 个月但 2019 年无跨境电商进口业务的企业(简称 B 企业群)进行分析,详见图 8-3。

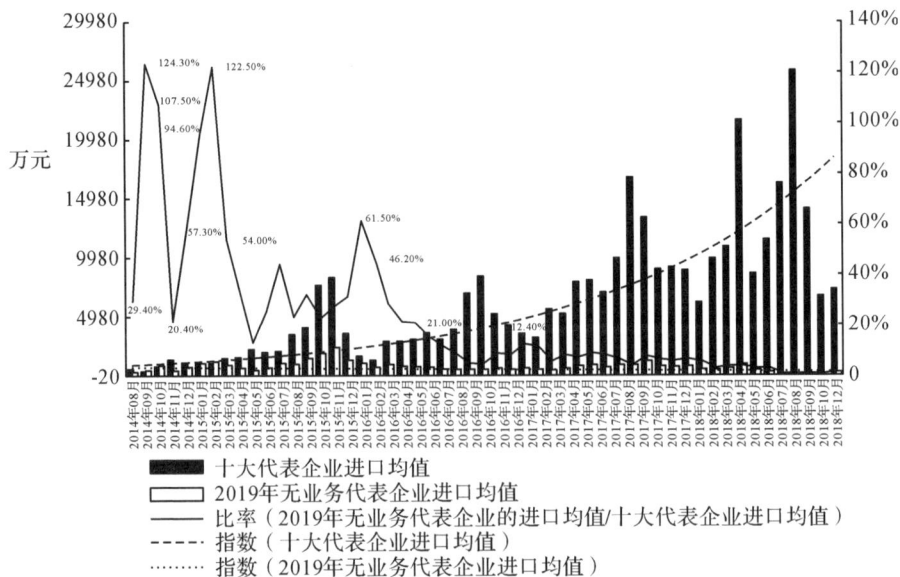

图 8-3　2014 年 8 月以来目前无进口业务代表企业(B)发展情况

由图 8-3 可知,从 2014 年 8 月份以来,存在跨境电商业务的 A 企业群的跨境电商进口均值整体呈较快上升趋势,而 B 企业群进口均值呈快速下降趋势。进一步分析发现,在 2015 年 3 月之前,B 企业群发展较好,部分时间段超过 A 企业群的跨境电商进口均值,但是到 2016 年 1 月之后,再也没出现 B 企业群进口均值超过 50％ 的情况,且占比下降极为迅速,甚至到 2018 年 12 月,其比例已经下降到 1.2％。

从跨境电商在我国的发展历程看,2014 年跨境电商政策实行伊始,各跨境电商企业尚处于百花齐放、百舸争流的阶段,但从 2016 年开始,就明显出现了头部企业群,且头部企业群占整个跨境进口行业的份额从 2017 年开始稳定在 63％ 以上,占据了大半壁江山。跨境进口行业出现了明显的行业分化,部分企业消亡,部分企业崛起,呈现出向少数头部企业集聚的趋势,甚至会形成垄断局面,市场格局已基本形成。

表面看来,跨境电商行业呈现出来的由少数几家大平台大企业垄断的局面,与跨境电商促进小微企业发展的初衷似有背离,其实并不尽然,因为大平台、大企业实际上担负了跨境电商行业为广大中小微企业和个人提供综合服务的职能。当然,同时也要关注这些头部企业保障客户和消费者权益情况,以及其履行社会责任和义务的情况,营造更加公开透明和公平、公正的营商环境。

八、跨境电商进口商品结构分析

为进一步分析进口商品种类对跨境电商的影响,课题组特对跨境进口前十大公司的商品结构进行分析。目前,未列名食品、任何材料制的卫生巾(护垫)及止血塞、婴儿尿布及尿布衬里和类似品、其他美容品或化妆品及护肤品、供婴幼儿食用的零售包装食品、洗发剂(香波)及其他护发品等六类产品为主要进口商品。2016 年至 2019 年前十大公司主要进口商品的进口值分别是 32.50 亿元、69.05 亿元、103.05 亿元、125.68 亿元,在相应跨境电商进口商品值的占比则分别为 80.07％、71.32％、70.56％ 和 70.44％。2016—2019 年该省前十大企业主要商品进口值与占比情况详见图 8-4。

由此可见,跨境电商进口商品具有一定的黏性,也反映了国内消费升级的主要需求领域。跨境电商进口商品需求较为集中,也说明这些大类商品需求弹性较小,所以随着进口商品清单逐步扩大,但商品种类的弹性系数却在逐渐下降,其他商品进口未出现显著变化。

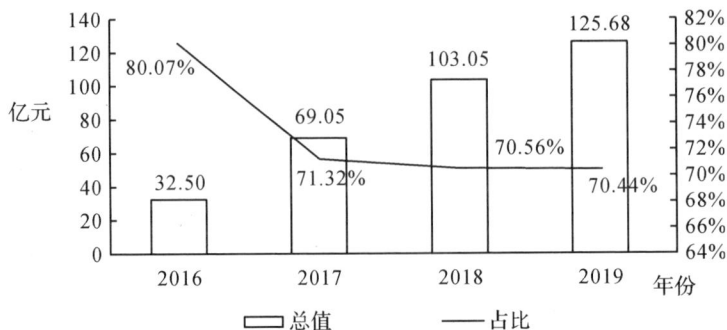

图 8-4　十大企业的主要进口商品总值及占比情况

第四节　跨境电商政策效应评估的结论及建议

一、主要结论

评估结果显示,跨境电商综试区、进口税和正面清单三类政策对促进跨境电商零售进口均存在边际递减效应,其中:

(一)正面清单商品种类数增加对促进跨境电商零售进口具有显著的促进作用

评估结果显示,放宽正面清单商品种类对促进跨境电商零售进口效果显著,尤其是对全国范围的促进作用更大。同时,前期扩围的正面清单政策促进作用要大于后期扩围的正面清单政策,说明不同区域、不同时段对正面清单的敏感度和弹性不同,需要开展针对性研究,才能提高政策的有效性。

(二)跨境电商零售进口商品综合税率水平下降对促进跨境电商零售进口具有较为显著的促进作用

评估结果显示,增值税税率与进口负相关,说明增值税税率下降有利于促进跨境电商零售进口商品增长。同时评估也显示,增值税税率下降对全国跨境电商零售进口的促进作用大于样本省,说明不同市场需求、不同商品结构对税率的敏感度和弹性不同,需要进一步细化具体措施,提高政策的有效性。

(三)跨境电商综试区的数量增加对促进跨境电商零售进口具有一定的促进作用,但政策效果差异较大

评估结果显示,不同区域、不同阶段跨境电商综试区的政策效应差异较大,甚至产生负效应。其中,第二次综试区扩围对样本省跨境电商零售进口促进作用最大,而综试区规模继续扩大对全国跨境电商零售进口的促进作用逐步降低,甚至第三批综试区扩围竟对跨境电商零售进口产生微小的反向作用。截至目前,全国仍有部分跨境电商综试区的作用尚未显现,需要深入分析,并加以调整完善。

(四)对促进国内消费需求具有显著成效

评估结果显示,跨境电商综试区数量、正面清单商品种类数增加,以及增值税税率下降均对提升国内网络零售额、社会消费品零售总额具有明显效果。其中,增设跨境电商综试区、扩围正面清单商品有利于激发国内消费新需求,培育消费新市场;降低跨境电商零售进口商品综合税率有利于降低进口成本,扩大需求。因此,三类政策均对国内消费市场升级扩容具有促进作用。

(五)跨境电商综试区之间存在一定程度的竞争关系

利用空间关联系数对 7 个成熟综试区的 2015—2019 年跨境电商进口值进行分析,发现跨境电商综试区进口值与周围跨境电商综试区跨境进口值之间具有负相关关系,其原因可能为各区进口业务之间存在一定的竞争关系。

(六)寡头垄断的市场格局渐趋成型

通过对头部企业与目前无业务企业发展情况对比发现,跨境进口行业出现了明显的分化,部分企业消亡,部分企业崛起,呈现出向少数头部企业集聚的趋势,甚至会形成垄断局面,市场格局已基本形成。进一步分析发现头部企业主要集中于前两批试点城市,这一定程度上解释了跨境电商综试区规模扩张对跨境电商进口值促进作用下降的现象。

二、政策建议

(一)合理扩大正面清单

依据国内市场消费侧和供给侧的变化情况,合理增加正面清单的商品种类数量,有效促进跨境电商进口。在扩大消费品进口范围的同时,考虑生产资料的进口需要,适时将跨境电商进口从零售模式向批发模式转变,提高新业态的适用范围,为外贸转型升级提供更强动力。

(二)适度降低进口税负

在综合考虑与其他贸易方式和传统产业发展相协调的情况下,继续降低跨境电商进口成本,综合考虑征税成本、管理成本,根据国内消费升级的实际,动态调整个人交易限值,适度降低跨境电商税负,促进跨境电商行业持续健康发展。

(三)有序扩大综试区规模

进一步完善政策措施,优化营商环境,依据实际情况把握好扩张的节奏和力度,避免因盲目扩张造成资源浪费、溢出负效应及不同综试区之间的同质化竞争。构建跨境电商综试区考核评价体系。跨境电商综试区的扩张需要投入大量行政、经济、技术、人才等资源,建议在国务院领导下由国家发改委或商务部牵头,根据综试区的投入产出情况,尽快建立考核评价体系,并以此为基础建立跨境电商综试区准入与退出的动态调整机制,加强对综试区发展的指导和督察,加强对全国综试区的统筹规划和管理,引导和鼓励各综试区协同发展、错位发展、特色发展,逐步形成规范有序、良性竞争、和谐发展的跨境电商生态圈,提高资源的利用效率。

(四)建立健全跨境电商与内需市场相互促进体系

按照中央提出的构建国内国际双循环相互促进的新发展格局,实施产业基础再造和产业链提升工程的要求,统筹跨境电商和内需发展,统筹国内国际两种资源、两个市场,增强政策措施的针对性、协调性,努力做到精准施策,协同推进,有效落实。

（五）通过市场化鼓励电商企业创新发展

扶持具有特色的跨境电商企业,降低目前市场垄断带来的负面效应;挖掘各综试区特色,开发新型特色市场,培育更多新型跨境电商企业。

第九章 跨境电商统计评估与监管应用的趋势及建议

伴随着跨境电商的蓬勃发展,监管及管理部门的统计及评估应用也经历了从无到有,从初始到完善的过程,这个过程将贯穿业态发展始终,必须根据需要不断完善,根据形势的变动而调整。

第一节 跨境电商的发展趋势

跨境电商在经历多年的高速增长后,在市场规模、运营效率、生态环境等方面都进入新的发展阶段。随着 5G、物联网、区块链、人工智能技术的不断成熟和商用,互联网的渗透率不断提高,新产业、新业态、新模式不断涌现,跨境电商发展也将呈现以下趋势。

一、从发展潜力看,跨境电商未来空间巨大

主要表现在以下几个方面:一是潜在的消费主体规模巨大。目前全球互联网用户已达 46.6 亿人,互联网渗透率超过 66%[1],但接触过跨境电商的不到 9 亿人。其中,中国 14 亿人口,互联网用户 8.3 亿人,2019 年有过海淘记录的也仅为 1.49 亿人[2]。印度 13.5 亿人口,互联网用户超过 5 亿人,且

---

[1] 中文互联网数据咨询网:《2020 年全球网络概览报告 CIECC;2017 年世界电子商务报告》,http://www.199it.com/archives/,2018-07-17。

[2] 艾媒报告:《2019 中国跨境电商发展趋势专题研究报告》,https://www.iimedia.cn/c400/67397.html,2019-12-24。

其 15—34 岁人口比例达 8.5 亿人,电商市场潜力巨大①。即便是互联网渗透率高达 80％的欧美发达市场,有过电商交易记录的人数也仅占总人口的 30％左右②。二是潜在的经营主体规模巨大。以浙江为例,目前跨境电商企业不到外贸备案企业数的 10％,不到全部市场主体数量的 0.2％。随着跨境电商的不断增加,将有更多新设企业进入该行业,同时也会有更多的传统企业向跨境电商转型,跨境电商经营企业增长潜力巨大。三是潜在的市场规模巨大。部分"一带一路"沿线的国家和地区、非洲大部分地区的互联网渗透率还很低,平均不足 20％,这些国家和地区有望成为跨境电商发展的"新蓝海"。

二、从运营模式看,跨境电商将以数据为关键驱动要素

跨境电商本身具有"数字"属性,大数据、云服务、人工智能、区块链、物联网等新一代数字技术得以自然融入其中。例如:通过大数据应用,企业得以从海量数据中挖掘有效信息,研究用户消费习惯,预测市场变动趋势,从而实现精准营销。据《哈佛商业评论》统计,利用数据驱动优化的企业,其生产率和利润率比同行平均高出 5％和 6％③。跨境电商利用新技术通过 B2C、B2B、B2B2C、M2C、C2M 等模式创新,提高用户体验度,实现线上线下融合互动,有效激发新需求,培育新市场,带来新发展。因此,在大数据系统支撑下,跨境电商有望通过提供多屏、多渠道的一致性高效服务来不断扩大市场规模,形成竞争优势。通过数字赋能跨境电商供应链管理,可以实现从产品开发、流量导入、货品备货、采购下单、供应链管理、客户服务等全链条智能化和自动化,缩短全业务流程周期,推动柔性化生产,提高产品成交率。通过数字赋能跨境电商贸易链,可以提高交易信息透明度,提供便捷自助高效的交易服务,提高贸易效率,降低贸易成本。数据成为驱动跨境电商的关键生产要素。

---

① 网经社:《印度跨境电商市场发展现状》,http://www.100ec.cn/detail-6469336.html,2018-09-05。

② 分别根据搜航网《跨境电商 2018 年美国电商行业现状与发展报告》(2018 年 3 月,http://www.sofreight.com/news_24176.html)和中国品牌网《2018 年欧洲跨境电子商务市场研究报告》(2018 年 11 月,https://www.chinabrands.cn)相关数据计算得出。

③ 安德鲁·麦卡菲,埃里克·布林约尔松:《大数据:一场管理革命》,2016 年 9 月 6 日,https://www.hbrchina.org/2016-09-06/4495.html,2016-09-06。

三、从产业结构看,跨境电商将从全产业链体系向生态圈演化

随着国际市场不断深耕和国内消费结构升级,跨境电商将迎来新一轮整合优化阶段。跨境电商平台将更加重视品牌建设,品牌意味着品质和信誉,是电商营销的重要法门,是吸引和留住客户的关键法宝,是打造热销爆品的必备要素。随着我国对外开放层次的不断提高,跨境电商平台还将呈现品牌双向流动的特征,为境内、境外品牌的竞争与合作提供新渠道、新平台。同时,也为跨境电商的发展积蓄了客户,培育了市场,创新了发展新模式。跨境电商工厂模式、网红直播模式等都有效导入平台的流量。此外,跨境电商将更加重视供应链、产业链等生态链、生态圈建设。对贸易而言,产品、客户、渠道是关键环节。拥有受客户欢迎的产品、引入有效转化的流量、增强客户黏性的体验都是电商生命线。同时在跨境电商综试区的试点过程中,通过产业集聚,融合创新,把支付、仓储、物流、配送、海外仓、通关、纳税、结汇等服务全部整合起来,形成完整的生态经济圈,以共生共赢理念打造优质、完整、高效的供应链、产业链成为趋势。eMarketer 数据显示,2018 年通过阿里旗下淘宝和天猫两大平台实现的交易额分别高达 5150 亿美元和 4320 亿美元[①],二者之和已超过全球第 17 大经济体——荷兰的 GDP (9098.9 亿美元),阿里生态圈在全球共提供 3600 万个就业岗位。

四、从功能作用看,跨境电商将成为数字全球化普惠贸易的新工具

随着跨境电商的发展,全球贸易格局发生变化,大量中小企业,甚至个人得以参与国际贸易,普惠制的贸易时代即将到来。世界电子贸易平台(eWTP)正是这一背景下的产物[②]。eWTP 基于互联网技术,遵循数字时代透明开放、公平公正、非歧视性原则,帮助不发达地区消除"数字鸿沟",降低贸易门槛,鼓励中小微企业、私人参与其中。其主要特点是:民间组织,为以

---

① 199IT:《2019 全球电商报告发布:淘宝、天猫销售额持续领跑全球》,http://www.199it. com/archives/912791. html,2019-07-28。

② 2016 年 3 月,时任阿里巴巴集团董事会主席马云在博鳌亚洲论坛"eWTP:互联网时代的全球贸易规则"主题会上首次提出构建电子世界电子贸易平台(Electronic Worde Trade Platform,eWTP)的倡议,该倡议于同年 9 月写入《2016 年 B20 政策建议报告》。目的在于建设由企业主导、多方参与的公私对话平台,旨在构建适应数字经济时代的新型贸易体系,降低全球中小企业和个人进入全球市场、参与全球经济的门槛。

碎片化、高频次、低货值的新型国际贸易形态服务,有利于中小微企业和个人直接参与国际贸易。跨境电商的发展现状已经充分展现了新业态旺盛的生命力,通过建立 WTO 与 eWTP 的合作机制,将有利于推动建立基于互联网的国际贸易规则新体系,以及公私对话机制,促进货物贸易与服务贸易融合发展,促进普惠贸易和创业创新。eWTP 通过提供物流、仓储、通关、贸易、金融等一系列供应链基础设施和商业服务,帮助各国中小企业及个人更为高效便捷地参与国际分工与合作,分享全球化的红利。目前,eWTP 已在中国的杭州、义乌、香港,以及马来西亚、泰国、比利时、卢旺达等地进行探索试点。随着 eWTP 在更多国家和地区的深入推进,全球贸易格局必将迎来重大调整,eWTP 将成为数字时代新全球化的有效载体。

第二节　跨境电商统计评估及监管应用与业态发展的适配性

一、已取得的成果

(一)跨境电商统计体系初步建成

我国跨境电商统计经历了从无到有,从多点开花到以海关官方统计为准,从狭义统计到业态全口径统计不断完善的过程。经过实践探索,跨境电商统计体系已基本建立。(1)贸易统计实现跨境电商全覆盖。2017 年,海关统计将 C 类快件渠道的进出境快件纳入进出口贸易统计;2019 年,海关统计将通过邮政渠道的跨境电商商品纳入海关统计范畴。至此,通过普通货物方式、跨境电商专用监管方式、邮政快件方式进出口的跨境电商商品均已列入海关贸易统计,对外贸易统计的完整性得到完善,实现跨境电商在海关统计的全覆盖。(2)狭义跨境电商统计作用突出。狭义跨境电商统计以海关报关单和跨境电商进出口清单为统计资料来源,统计指标完整,结构化明晰,从统计数据颗粒度角度来说有着无可比拟的优势。海关对狭义跨境电商开展贸易统计填补了官方统计的空白。在国内跨境电商扶持政策的不断推动下,随着海关跨境电商监管带来的便利优势,跨境电商渠道的引流效应日渐体现。(3)跨境电商业态全口径统计逐步完善。海关总署逐步探索全面反映跨境电商货物贸易业态发展总体规模和水平的全口径统计制度。业态全口径统计测算结果相对客观,不仅向上大幅修正海关狭义跨境电商统计的缺口,而且向下大幅消减其他机构统计的重复统计,为领导决策和宏观管理提供了新的更有意义的参考依据。

(二)逐步探索跨境电商的监管评估

本课题研究提出了开展跨境电商合规性、质效性和综合性三类评估的基本思路,并结合实际业务设计跨境电商进口商品质量安全、通关时效、税收风险、企业多维度画像和政策效应评估等评估的指标体系、评估方法和应用案例。主要取得了以下成果:(1)从官方或第三方专业检验机构、电商平台以及消费者三个主体角度,提出跨境电商进口商品质量安全评估的抽检方法、指标体系和评估方法。(2)开创性地提出跨境电商保税进口的通关时效指标,以了解进口跨境电商的监管流程的便利化水平。从样本数据评估结果看,跨境电商保税进口的整体通关时间优于一般贸易进口,特定时间段内完成率均高于一般贸易,符合促进电商发展的政策导向。(3)从完税价格、商品归类、购买人资质条件、政策溢出等四个角度考察跨境电商的税收风险。从税收规模、税负水平及影响因素等方面构建跨境电商税收宏观监测指标体系,并利用相关数据对税收情况进行动态评估。(4)从三个层面、四大模块、多个环节、多种因素切入,构建企业多维度评估体系,对企业进行结构化评估,并列举应用案例。(5)采用多种评估方法,分析不同跨境电商政策发布后的影响情况,并对不同综试区进行比较研究,提出相关政策的后续完善建议。

二、目前跨境电商统计评估及监管应用的不足

(一)跨境电商统计制度离社会需求还有距离

主要表现在:(1)海关狭义跨境电商统计无法全面反映跨境电商整体规模和趋势。狭义跨境电商统计仅包括通过海关跨境电商管理平台进行监管的跨境电商商品,对于通过普通货物物流渠道、快件渠道或是邮政渠道的跨境电商商品,虽然已经列入海关对外贸易统计的整体范畴,但因为没有明确的监管方式指标予以区分,所以尚无法对上述货物进行精确测量,使得狭义跨境电商统计难以全面反映跨境电商的实际规模。(2)跨境电商业态全口

径统计有待在实践中进一步完善。跨境电商业态全口径统计主要以统计调查为基础，通过收集各类数据来测算我国跨境电商业态总体发展规模。但在数据收集、整理及测算过程中，也存在诸多问题，如电商平台的不稳定性、调查问卷的数据质量、测算的时效性以及测算数据的结构化和颗粒度欠缺等。这些问题一定程度上影响了目前业态统计的准确性和适用性。(3)跨境电商统计数据发布渠道有待扩充。目前海关狭义跨境电商统计数据主要以新闻发布形式对外公开，并未体现在固定报表中，公众无法自主查询。海关跨境电商业态全口径统计测算结果目前也仅供内部决策参考使用，暂未对外公布，公众无法获取相关数据。(4)统计口径不一造成海关统计数据与社会统计数据存在较大差异。目前海关和社会对跨境电商统计涵盖范围差异较大，对数字商品、服务贸易是否纳统尚存较大分歧。由于统计口径、统计方法，以及统计意图的差异，无论是海关狭义跨境电商统计数据还是业态全口径统计数据，均与社会机构跨境电商统计数据存在差异。

(二)跨境电商各项评估还存在诸多障碍

在对跨境电商各方面业务场景实际评估中发现，由于数据采集方法、数据元等存在问题，部分评估设想转化为评估实证分析还存在障碍，甚至评估结果存在一定程度的失真。举例来说，因为目前的质量安全检测大多数情况下是根据具体的检测需求和目的来开展，因此能获得的检测结果数据不是按照严格的评估采样标准来进行，质量安全评估难以全面准确反映跨境电商进口商品全覆盖的整体质量安全现状。同理，企业多维度评估也存在类似的局限和障碍。

(三)各部门监管政策协同性不足

跨境电商的核心是互联网，本质是外贸，其诞生于创新，发展于草莽，属于典型的"互联网＋外贸"背景下的新业态。新业态在一定程度上意味着新的不确定性，既有新机遇也有新风险。对待新生事物，采取怎样的态度至关重要。从规范角度，新业态必然会对传统业态带来冲击，与现有的经济体制和管理体制存在不适；从发展角度，新业态意味着新市场、新机遇和新动力，意味着突破旧体系实现经济结构转型升级。不同的态度和视角往往会带来不同的政策主张，前者将对新业态采取更多管制，而后者将会予以更多扶持。跨境电商涉及多个政府主管部门，不同部门的职能要求不一，对跨境电商发展也未达成高度共识,造成对跨境电商这一新生事物出台的政策导向存在一定差异。

另外,跨境电商业务涉及商务、海关、税务、外汇、金融等多个机构,各业务类型既相对独立,又互有联系。目前,多数单位都依托自己的信息化管理系统建立企业信用管理体系,但基本上都在独立运行,虽然通过综试区的综合管理服务平台可实现数据共享,但仅限于常规的申报数据,对于系统内真正有价值的核心信息共享仍受限制。

(四)自动化、智能化监管不足

目前各地跨境电商综试区基本都已形成"六体系两平台"的管理服务架构,海关对跨境电商进出口也推出了以"9610""1210"和"1239""9710""9810"为代码的监管方式。但总体来说,对跨境电商的管理仍处于探索阶段,人工作业比例较高,一旦出现"11·11""6·18"这种电商促销、业务剧增的时点,只能依靠"人海战术"加以应对。运用大数据、人工智能、区块链等现代数字技术辅助监管的措施和手段尚待完善,业务弹性不足,监管资源的适配性不强。跨境电商的监管模式和手段还面临较大挑战。

第三节 跨境电商统计评估及监管应用的趋势和发展方向

一、进一步完善跨境电商统计制度

(一)完善跨境电商业态全口径统计方法

在探索成熟的基础上,将跨境电商业态全口径统计的统计资料收集方式、数据处理和验证、数据测算方法等统计流程形成固定的专项统计方法,并将跨境电商企业调查向国家统计部门备案,明确调查样本企业的统计责任,从而确保跨境电商业态全口径统计的科学性、持续性以及合法性。

(二)完善跨境电商统计数据发布

海关狭义跨境电商统计与业态全口径统计将在一定时期内并存。在跨境电商数据发布中,以合理方式保留狭义跨境电商统计数据;在跨境电商业态全口径统计成熟后,适时对外发布,以方便更多的企业、研究人员等获取官方统计结果。

(三)拓展跨境电商统计体系范畴

不同国家、不同机构对于跨境电商的解读各不相同。例如 2019 年 WTO 跨境电商诸边谈判中,关注重点各有侧重。中国主要针对与货物有关的贸易规则,美国则主要侧重于跨境数字贸易规则。从发展趋势看,跨境电商将处于数字贸易大背景下发展,同时,服务贸易与货物贸易日趋融合发展。为全面体现我国跨境电商的整体发展规模,并实现统计数据的国际对比,有必要将我国跨境电商统计范围向数字贸易统计拓展,在拓展过程中可先从与货物相关的服务入手。根据职能分工,由政府多部门协作,共同建立更加全面的跨境电商统计体系。

二、完善跨境电商评估机制

(一)建立跨境评估采样机制

为对跨境电商的合规性、质效性、综合性等方面进行全面覆盖的整体性评估,需在监督管理过程中有针对性地根据采样要求开展。如在通关时效评估中,建立以跨境电商申报清单为基础的跨境电商通关时效评估方式,以实现对申报监管方式为 9610 的清单数据通关时效的评估;在质量安全评估中,质量抽检根据评估指标采样要求实现官方或第三方机构的特定检测与全覆盖检测的结合。

(二)完善跨境电商评估指标体系

目前对于跨境电商的三类评估还比较分散,各自为政。有必要借鉴监管部门对于普通货物对外贸易的整体评估方法,建立一套适应跨境电商的评估指标体系。

三、完善评估应用机制

评估是对监管及政策效应的评价与分析,评估的目的是形成对监管和政策的反馈,从而完善监管流程以及后续政策制定。完善的评估与监管应用是对跨境电商监督管理的闭环。(1)完善跨境电商法律法规体系,明确相关主体(监管主体与被监管主体)的权利与义务,健全追踪追责机制,从源头保证三单数据真实有效。(2)建立跨境电商监管数据库。包括通过与跨境电商平台企业联网实现跨境商品价格信息共享机制,建立商品价格库,与跨境电商质量安全监测中心、稽查、缉私等共同建立违法违规数据库,为建立价格监管提供基础。(3)运用大数据、区块链等技术,强化订单、支付、物流、商品特征及消费者特征等分析识别能力,提升跨境电商风险预警分析能力。

四、建立智能化协同监管体系

(一)智能监管

如前所言,跨境电商是以数据驱动为关键要素的。商品展示、订单生成、支付完成、物流运输、海关监管、终端交付等跨境电商的生态圈全流程均以数据流转贯穿始终。但目前的信息流主要局限于两两联通,生态链全流程处于断链状态。如果能借助区块链、物联网等信息技术手段,将目前各链条断开的信息流打通,形成跨境电商全流程智能化体系,将有力地促进对外贸易发展,这是极有意义的事。对企业来说,将节约大量人力成本;对监管部门来说,可以从源头上确保申报数据的准确性,从而开展数据的自动多方验证,实现智能化监管,提高监管效率。只有让监管"嵌入"跨境电商供应链,让数字"穿透"跨境电商生态圈,才能真正实现顺势监管、无感监管和协同监管,也才能让跨境物流"飞"起来。

(二)协同监管

跨境电商业务涉及商务、海关、税务、外汇、金融等相关部门,各部门业务自成一体,但也存在各种相关性。在对跨境电商这一新生事物的推动和监管中,各部门秉承协同管理理念,避免各自为政,也是切实提高治理体系和治理能力的一种体现。(1)提高各管理部门政策的协同性。为推动跨境电商的发展,各部门在政策制定上需要齐头并进,同向发力,协调改革举措,共促业态发展。比如海关打破普通货物进出境以报关单申报作为监管依据的传统,开创性地提出适应碎片化交易模式的"清单申报,清单放行"的监管模式,但由于相应的退税政策等不适应,"清单申报"依然存在需要"二次申报"等不尽完善的流程。(2)实现各管理部门信用管理信息共享。各部门业务虽然自成一体,但都针对共同的管理对象——企业。并且,各部门也都有针对企业的风险管理和评估机制。因此,企业便是各部门风险管理信息的索引指标,若能打破机构藩篱,将风险信息和企业的信用评估信息共享,便能实现以企业为单元的协同评估,有效防控企业钻政策空子的风险。

参考文献

[1] 朱发仓.数字经济统计测度研究[M].北京:经济科学出版社,2019.

[2] 中国信息通信研究院互联网法律研究中心.数字贸易的国际规则[M].北京:法律出版社,2019.

[3] 安筱鹏.重构:数字化转型的逻辑[M].北京:电子工业出版社,2019.

[4] 世界贸易组织.世界贸易报告(2018年)——世界贸易的未来:数字技术如何改变全球商务[M].中国世界贸易组织研究会,译.上海:上海人民出版社,2018.

[5] 中国国际经济交流中心课题组.E国际贸易—下一代贸易方式的理论内涵与基础框架[M].北京:中国经济出版社,2018.

[6] 海关总署研究室."十三五"时期海关发展规划资料汇编[G].2017.

[7] 尼葛洛庞帝.数字化生存[M].胡泳,范海燕,译.北京:电子工业出版社,2017.

[8] 威利茨.数字经济大趋势[M].徐俊杰,裴文斌,译.北京:人民邮电出版社,2013.

[9] 习近平.携手共进,合力打造高质量世界经济——在二十国集团领导人峰会上关于世界经济形势和贸易问题的发言[R/OL].[2019-06-28].人民网,http://politics.people.com.cn/n1'0629/c1024-31202963.html。

[10] 上海WTO事务咨询中心.关于当前各界对数字贸易开展相关统计的主要手段及重要结论的综述[R].2019.

[11] 中国信息通信研究院.中国数字经济发展与就业白皮书(2019年)[R/OL].[2020-10-21]中国信息通信研究院官网,http://www.caict.ac.cn.

［12］中国信息通信研究院.G20 国家数字经济发展研究报告（2018 年）［R/OL］.［2020-12-25］中国信息通信研究院官网，http：//www. caict. ac. cn.

［13］中国信息通信研究院.中国数字经济发展与就业白皮书（2018 年）［R/OL］.［2020-12-25］中国信息通信研究院官网，http：//www. caict. ac. cn.

［14］中国信息通信研究院.G20 国家数字经济发展研究报告（2017 年）［R/OL］.［2020-12-25］中国信息通信研究院官网，http：//www. caict. ac. cn.

［15］中国信息通信研究院.中国数字经济发展白皮书（2017 年）［R/OL］.［2020-10-18］中国信息通信研究院官网，http：//www. caict. ac. cn.

［16］中国信息通信研究院.2016 中国信息经济发展白皮书［R/OL］.［2020-09-20］中国信息通信研究院官网，http：//www. caict. ac. cn.

［17］张莉.我国电子商务政策热点及趋势述评［J］.新理财（政府理财），2019（z1）.

［18］左瑞瑞，冯庆亮.背景、举措与展望：广西跨境电商政策研究［J］.改革与开放，2017（15）.

［19］张鸣飞，杨坚争.我国跨境电子商务政策发展情况初探［J］.电子商务，2017（9）.

［20］佘建明.跨境电子商务零售进口税收新政评析［J］.海关与经贸研究，2016（5）.

［21］李向阳.促进跨境电子商务物流发展的路径［J］.中国流通经济，2014（10）.

［22］鄂立彬，黄永稳.国际贸易新方式：跨境电子商务的最新研究［J］.东北财经大学学报，2014（2）.

［23］芮嘉明.基于可追溯技术的商品防伪防窜货智能质量安全管理系统研究［J］.中国物流与采购，2019（23）.

［24］徐明亮.跨境电商商品质量安全统计与监管研究［J］.自动化与仪器仪表，2018（10）.

［25］宋广三，马进.进口商品质量评价指标体系研究［J］.质量与认证，2017（3）.

［26］施倩楠.电子商务产品质量安全监管模式研究［D］.杭州：中国计量大

学,2018.

[27] 林婧庭.政府监管视野的出口消费品质量风险评价实证研究[D].广州:华南理工大学,2017.

[28] 陈志丹.G省A自贸区跨境电子商务进出口商品检验检疫监管机制研究[D].广州:华南理工大学,2017.

[29] 王梦婷."跨境电商"(进口)的检验检疫安全监管研究——基于非传统安全视角的分析[D].杭州:浙江大学,2015.

附 录

表1 与跨境电商相关的国务院常务会议内容

时间	主要议题	与跨境电商相关的内容
2014年4月30日	部署支持外贸稳定增长和优化结构有关工作	会议认为,应加快跨境电商发展,积极推进贸易平台和国际营销网络建设。
2014年9月29日	确定加强进口的政策措施,促进扩大对外开放	会议提出实施积极的进口促进战略等五项措施。要求搭建进口贸易平台,在公平竞争原则下,利用跨境电商等新模式增加进口。鼓励企业在海外建立采购网点和渠道。
2015年3月18日	明确《政府工作报告》的部门责任和分工	会议要求推进全国一体化通关,积极推进国际贸易"单一窗口"。支持跨境电商综试区建设,建立和完善通关管理和质量安全监管系统,为创业创新营造更为宽松便捷的环境。
2015年4月28日	部署完善消费品进出口相关政策	会议要求进一步推进境外旅客购物通关和退税便利化,严格落实进境物品依法主动申报纳税要求。制定支持跨境电商进口的检验检疫政策,清理进口环节不合理收费。
2015年6月10日	部署促进跨境电商健康快速发展,推动开放型经济发展升级	会议提出四点要求:一是优化通关流程,包括:对跨境电商出口商品简化归类,对经营主体和商品实施备案管理,采取集中申报、查验、放行和24小时收单等便利措施。二是落实跨境电商零售出口货物退免税政策。三是鼓励外贸综合服务(以下简称外综服)企业为跨境电商提供通关、仓储、融资等服务。引导企业规范经营,打击违法侵权行为。四是鼓励跨境电商零售出口企业通过海外仓、体验店等拓展营销渠道,培育自有品牌和自建平台。合理增加消费品进口。促进外贸提速放量增效。

时间	主要议题	与跨境电商相关的内容
2015年 7月15日	部署促进进出口稳定增长的政策措施,在扩大开放中增强发展动力	会议将跨境电商列为推进新一轮更高水平对外开放的重要举措,要求大力支持外贸新型商业模式发展,扩大市场采购贸易方式试点,积极推进跨境电商和外综服企业发展。
2016年 1月6日	部署新设一批跨境电商综试区,用新模式为外贸发展提供新支撑	会议决定在东中西部各选择一批基础条件较好、进出口和电商规模较大的城市,新设跨境电商综试区,向更大范围复制推广杭州综试区的相关政策体系和管理制度。
2016年 4月20日	确定促进进出口回稳向好的政策措施,推进外贸转型升级	会议将扩大跨境电商等新业态试点,支持企业建设境外营销和服务体系,培育外贸自主品牌,以及在符合条件的海关特殊监管区域探索货物状态分类监管试点等作为推进外贸转型升级的重要举措。
2016年 8月16日	听取促进外贸增长政策落实情况汇报,推动进出口回稳向好	会议提出要改革完善与新业态、新模式相适应的体制机制,扩大跨境电商、市场采购贸易方式、外综服企业试点,培育发展新动力。
2017年 9月20日	确定深入推进跨境电商综试区建设的措施,加快业态创新提高外贸便利度和竞争力	会议要求以跨境电商发展为突破口,推动国际贸易自由化、便利化和业态创新,并决定:一是要积极探索新经验,在制定跨境电商国际标准中发挥更大作用;二是跨境电商综试区扩围,复制推广前两批试点经验;三是推动互联互通、智能化的海外仓、物流网络等新型外贸基础设施建设;四是按照包容审慎有效的要求加大监管创新。并将跨境电商零售进口监管过渡期政策再延长一年至2018年底,加快完善相关制度。
2018年 4月12日	决定对进口抗癌药实施零关税并鼓励创新药进口	会议决定从2018年5月1日起,我国实际进口的全部抗癌药实现零关税,较大幅度降低抗癌药生产、进口环节增值税税负。并研究利用跨境电商渠道,多措并举消除流通环节各种不合理加价。
2018年 6月13日	确定进一步扩大进口的措施,促进调结构惠民生和外贸平衡发展	会议要求落实降低部分商品进口税率措施,优化进口通关流程,提高进口贸易便利化水平。创新进口贸易方式,支持跨境电商等新业态发展。

时间	主要议题	与跨境电商相关的内容
2018 年 7 月 13 日	决定新设一批跨境电商综试区,持续推进对外开放、促进外贸转型升级	会议决定在北京等 22 个城市新设跨境电商综试区。要求以跨境电商为突破口,在物流、仓储、通关等方面进一步简化流程、精简审批,完善通关一体化、信息共享等配套政策,推进包容审慎有效的监管创新,推动国际贸易自由化、便利化和业态创新。增加国外有竞争力的产品进口,鼓励企业加快建设"海外仓"和全球营销网络,打造跨境电商知名品牌,积极开拓多元化市场,促进外贸稳定发展,提高国际竞争力。
2018 年 9 月 26 日	降低部分商品进口关税和加快推进通关便利化的措施,促进更高水平对外开放	会议决定,从 2018 年 11 月 1 日起,降低 1585 个税目工业品等商品进口关税税率,至此我国关税总水平将由上年的 9.8% 降至 7.5%。同时将进出口环节需验核的监管证件从 86 种减至 48 种,并清理口岸不合规收费。
2018 年 11 月 21 日	决定延续和完善跨境电子商务零售进口政策并扩大适用范围,扩大开放更大激发消费潜力	会议决定,延续实行跨境电商零售进口现行监管政策,不执行首次进口许可批件、注册备案等要求,而按个人自用进境物品监管。扩大进口商品清单,提高个人单次及年度交易限值。支持跨境电商出口,研究完善出口退税等相关政策。
2019 年 1 月 2 日	部署对标国际先进水平促进综合保税区升级,打造高水平开放新平台	会议提出要逐步在综合保税区全面适用跨境电商零售进口政策。
2019 年 4 月 3 日	决定下调对进境物品征收的行邮税税率,促进扩大进口和消费	会议决定从 4 月 9 日起,下调个人携带进境的行李和邮递物品征收的行邮税税率,其中对食品、药品等商品,税率由 15% 降至 13%;纺织品、电器等由 25% 降为 20%。
2019 年 7 月 3 日	部署完善跨境电商等新业态促进政策,适应产业革命新趋势推动外贸模式创新	会议决定再增加一批跨境电商试点城市,对跨境电商综合试验区电商零售出口,落实"无票免税"政策,出台更加便利企业的所得税核定征收办法。完善跨境电商统计体系。鼓励搭建服务跨境电商发展的平台,建立配套物流等服务体系,积极参与跨境电商相关国际规则制定。

表 2　国务院发布的与跨境电商相关的政策文件清单

发布时间	文件标题	文号	与跨境电商相关的主要内容
2013 年 8 月 21 日	关于实施支持跨境电子商务零售出口有关政策意见的通知	国办发〔2013〕89 号	《通知》确定 7 项支持跨境电商零售出口的政策,包括:明确经营主体;建立电子商务出口新型海关监管、检验模式及信用体系并进行专项统计;并在企业结汇、跨境支付及税收政策方面提出意见。
2015 年 3 月 12 日	关于同意设立中国(杭州)跨境电子商务综试区的批复	国函〔2015〕44 号	《批复》同意设立杭州综试区。要求在跨境电商交易、支付、物流、通关、退税、结汇等环节的技术标准、业务流程、监管模式和信息化建设等方面先行先试,通过制度创新、管理创新、服务创新和协同发展,破解跨境电商发展中的深层次矛盾和体制性难题,打造跨境电商完整的产业链和生态链,逐步形成一套适应和引领全球跨境电商发展的管理制度和规则,为推动全国跨境电商健康发展提供可复制、可推广的经验。
2015 年 5 月 7 日	关于大力发展电子商务加快培育经济新动力的意见	国发〔2015〕24 号	《意见》明确支持电子商务创新发展的 3 项原则:积极支持、逐步规范、加强引导,并从营造宽松发展环境、促进就业创业、推动转型升级、完善物流基础设施、提升对外开放水平、构筑安全保障防线、健全支撑体系等 7 个方面提出 22 条具体意见。
2015 年 5 月 12 日	关于加快培育外贸竞争新优势的若干意见	国发〔2015〕9 号	《意见》要求加快培育新型贸易方式。大力推动跨境电商发展,积极开展跨境电商综合改革试点工作,抓紧研究制订促进跨境电子商务发展的指导意见。培育一批跨境电商平台和企业,大力支持企业运用跨境电商开拓国际市场。鼓励跨境电商企业通过规范的"海外仓"等模式,融入境外零售体系。
2015 年 6 月 20 日	关于促进跨境电子商务健康快速发展的指导意见	国办发〔2015〕46 号	《意见》从 12 个方面提出支持跨境电商健康发展的要求,包括:优化配套的海关监管措施,完善检验检疫监管政策措施,明确规范进出口税收政策,完善电子商务支付结算管理,提供积极财政金融支持,建设综合服务体系,规范跨境电子商务经营行为,充分发挥行业组织作用,加强多双边国际合作,加强组织实施等。基本覆盖跨境电商的主要管理部门。
2016 年 1 月 15 日	关于同意在天津等 12 个城市设立跨境电子商务综试区的批复	国函〔2016〕17 号	《批复》同意在天津市等 12 个城市设立跨境电商综试区。要求:借鉴杭州综试区的经验和做法,因地制宜,突出本地特色和优势,着力在跨境电商 B2B 方式相关环节的技术标准、业务流程、监管模式和信息化建设等方面先行先试,为推动全国跨境电商发展提供可复制、可推广的经验。

发布时间	文件标题	文号	与跨境电商相关的主要内容
2016 年 5 月 9 日	关于促进外贸回稳向好的若干意见	国发〔2016〕27 号	《意见》要求扩大跨境电商、市场采购式和外贸综合服务企业试点。支持企业建设"海外仓"和海外运营中心。总结杭州综试区和市场采购贸易方式的试点经验，扩大试点范围。
2018 年 7 月 9 日	国务院办公厅转发商务部等部门关于扩大进口促进对外贸易平衡发展意见的通知	国办发〔2018〕53 号	《通知》从四个方面提出扩大进口促进对外贸易平衡发展的政策举措，其中与跨境电商相关的是：加快出台跨境电商零售进口过渡期后监管具体方案，统筹调整进口正面清单。加快复制推广综试区成熟经验做法，研究扩大试点范围。加快推进汽车平行进口试点。
2018 年 8 月 7 日	国务院关于同意在北京等 22 个城市设立跨境电子商务综合试验区的批复	国函〔2018〕93 号	《批复》同意在北京市等 22 个城市设立跨境电商综试区。要求：复制推广前两批综试区成熟经验做法，因地制宜，突出本地特色和优势，着力在跨境电商 B2B 方式相关环节的技术标准、业务流程、监管模式和信息化建设等方面先行先试，为推动全国跨境电商健康发展探索新经验、新做法。
2018 年 10 月 19 日	关于印发优化口岸营商环境促进跨境贸易便利化工作方案的通知	国发〔2018〕37 号	《通知》要求加强国际贸易"单一窗口"建设，建设跨境贸易大数据平台，推进口岸物流信息电子化，提升口岸查验智能化水平，加强口岸通关和运输国际合作，降低进出口环节合规成本。
2019 年 1 月 25 日	关于促进综合保税区高水平开放高质量发展的若干意见	国发〔2019〕3 号	《意见》围绕"五大中心"发展目标提出 21 项任务举措，其中与跨境电商相关的是：培育新动能新优势，促进跨境电商发展。支持综合保税区内企业开展跨境电商进出口业务，逐步实现综合保税区全面适用跨境电商零售进口政策
2019 年 12 月 24 日	国务院关于同意在石家庄等 24 个城市设立跨境电子商务综合试验区的批复	国函〔2019〕137 号	《批复》同意在石家庄市等 24 个城市设立跨境电商综试区。要求：复制推广前三批综试区成熟经验做法，对跨境电商零售出口试行增值税、消费税免税等政策，推动产业转型升级，开展品牌建设，推动贸易自由化、便利化和业态创新，为推动全国跨境电商健康发展探索新经验、新做法。同时要保障国家安全、网络安全、交易安全、国门生物安全、进出口商品质量安全和有效防范交易风险，坚持在发展中规范、在规范中发展，为各类市场主体公平参与市场竞争创造良好的营商环境。

表 3　主管部门单独(海关总署除外)或联合发布的与跨境电商相关的政策文件清单

发布时间	文件标题	文号	与跨境电商相关的主要内容	发文机构
2012年3月12日	关于利用电商平台开展对外贸易的若干意见	商电发〔2012〕74号	《意见》要求全面增强电商平台对外贸易服务功能,提升企业利用电商平台开展对外贸易水平,并给予政策支持。	商务部
2012年5月19日	关于组织开展国家电商示范城市电商试点专项的通知	发改办高技〔2012〕1137号	《通知》提出在北京市等22个国家电商示范城市开展试点,涉及重点领域包括:网络(电子)发票、企业公共信息服务、支付基础平台、跨境电商服务、电商交易服务、电商标准及产品追溯服务等。	国家发改委办公厅
2012年8月11日	关于国家电商示范城市电商试点项目的复函	发改办高技〔2012〕2219号	《复函》确定杭州、上海、宁波、郑州、重庆为跨境电商试点城市,开展先行先试。	国家发改委办公厅
2013年1月2日	支付机构跨境电子商务对外支付业务指导意见	汇综发〔2013〕2号	共7章26条,包括:总则、试点业务申请、试点业务办理、支付机构外汇备付金账户管理、风险管理、支付机构管理、监督监察。批准17家第三方支付机构开展跨境电商外汇支付业务试点。	国家外汇管理局
2013年10月31日	关于促进电子商务应用的实施意见	商电函〔2013〕911号	要求加强农村和农产品电商应用体系建设,支持城市社区电商应用体系建设,推进跨境电商应用创新,加强中西部电商应用,鼓励中小企业电商应用等。	商务部
2013年12月30日	关于跨境电子商务零售出口税收政策的通知	财税〔2013〕96号	明确电商出口企业适用增值税、消费税退(免)税政策的四种情况,电商出口企业适用增值税、消费税退(免)税政策的三种情况。	财政部、国家税务总局
2015年1月20日	关于开展支付机构跨境外汇支付业务试点的通知	汇发〔2015〕7号	允许有实际需求、经营合规且业务和技术条件成熟的支付机构开展跨境外汇支付业务试点,并提出《支付机构跨境外汇支付业务试点指导意见》。	国家外汇管理局
2015年5月7日	关于支持中国(杭州)跨境电子商务综试区发展的通知	国质检通〔2015〕312号	提出下放审批事权,推进信用体系建设,实施通关一体化,确立进出口跨境电商监管模式等10项支持措施。	质检总局

发布时间	文件标题	文号	与跨境电商相关的主要内容	发文机构
2015年5月13日	"互联网＋流通"行动计划	商办电函〔2015〕179号	要求加强电商基础设施建设,促进跨境电子商务发展,助力企业拓展海外市场,加快电商海外营销渠道建设,推动电商企业"走出去"。	商务部办公厅
2015年6月9日	关于加强跨境电子商务进出口消费品检验监管工作的指导意见	国质检检〔2015〕250号	要求构建以风险管理为核心,以事前备案、事中监测、事后追溯为主线的跨境电商进出口消费品质量安全监管模式,风险监测机制,以及质量安全追溯机制。	质检总局
2015年7月13日	关于进一步发挥检验检疫职能促进跨境电子商务发展的意见	国质检通〔2015〕202号	要求构建符合跨境电商发展的检验检疫工作体制机制,建立清单管理制度,构建跨境电商风险监控和质量追溯体系,创新跨境电商检验检疫监管模式,实施备案管理,加强信息化建设。	质检总局
2015年11月28日	跨境电子商务经营主体和商品备案管理工作规范	质检总局令〔2015〕137号	用以规范跨境电商经营主体和商品信息备案管理。明确跨境电商企业应通过地方政府或经质检总局认可的信息服务平台备案。	质检总局
2016年3月24日	财政部等关于跨境电子商务零售进口税收政策的通知(4·8新政)	财关税〔2016〕18号	《通知》明确跨境电商零售进口商品属于个人物品,按《正面清单》管理,单次交易限值为2000元,个人年度交易限值为20000元。限值以内进口商品免征关税、进口环节增值税、消费税取消免征税额,暂按法定应纳税额的70%征收。超过单次限值、累加后超过个人年度限值的单次交易,以及完税价格超过限值的单个不可分割商品,均按一般贸易方式全额征税。	财政部、海关总署、国家税务总局
2016年4月9日	关于公布跨境电子商务零售进口商品清单的公告	发改委等11部委联合公告〔2016〕40号	跨境电商零售进口商品清单共列入共1142种8位税号商品。清单内商品免于向海关提交许可证件,检验检疫监管按国家相关法律法规执行;直购商品免于验核通关单,网购保税商品"一线"进区时需按货物验核通关单、"二线"出区时免于验核通关单。	财政部等11个部委

发布时间	文件标题	文号	与跨境电商相关的主要内容	发文机构
2016年4月18日	关于公布跨境电子商务零售进口商品清单（第二批）的公告	发改委等13部委联合公告〔2016〕47号	较第一批增加151种8位税号商品。	财政部等13个部委
2016年5月15日	关于跨境电子商务零售进口通关单政策的说明	质检总局公告2016年	《说明》强调了跨境电商网购保税进口商品的属性为"货物"，检验检疫应依法签发通关单，只有跨境电商直购商品可以免于签发通关单。同时《说明》指出，实际上需要通关单的产品只占正面清单的36%。	质检总局
2017年6月6日	关于跨境电子商务零售进出口检验检疫信息化管理系统数据接入规范的公告	质检总局公告〔2017〕42号	对质检总局跨境电商零售进出口检验检疫信息化管理系统的对接报文标准，跨境电商经营主体（企业）、第三方平台的法律责任等内容进行规定。	质检总局
2017年11月22日	关于调整部分消费品进口关税的通知	税委会〔2017〕44号	《通知》明确自2017年12月1日起，以暂定税率方式降低部分消费品进口关税，范围涵盖食品、保健品、药品、日化用品、衣着鞋帽、家用设备、文化娱乐、日杂百货等各类消费品，共涉及187个8位税号，平均税率由17.3%降至7.7%。政策利好跨境电商零售进口。	国务院关税税则委员会
2017年11月25日	关于复制推广跨境电子商务综试区探索形成的成熟经验做法的函	商贸函〔2017〕840号	推广杭州、天津等一、二批综试区试点成熟经验，即：跨境电商线上综合服务和线下产业园区"两平台"及信息共享、金融服务、智能物流、风险防控等监管和服务"六体系"等成熟做法。同时要求，各地结合实际，深化"放管服"改革，加强制度、管理和服务创新，积极探索新经验，推动跨境电商健康快速发展，为制定跨境电商国际标准发挥更大作用。	商务部等14部委

发布时间	文件标题	文号	与跨境电商相关的主要内容	发文机构
2018 年 9 月 2 日 8	关于跨境电子商务综合试验区零售出口货物税收政策的通知	财税〔2018〕103 号	《通知》明确综试区电商出口企业出口未取得有效进货凭证的货物可试行增值税、消费税退（免）税政策的三种条件,加快建立电商出口统计监测体系,明确海关总署定期将电子商务出口商品申报清单电子信息传输给税务总局。	财政部、国家税务总局、商务部、海关总署
2018 年 11 月 20 日	关于调整跨境电子商务零售进口商品清单的公告	财政部公告〔2018〕157 号	《跨境电商零售进口商品清单（2018 年版）》共列入 1321 种 8 位税号商品。同时废止之前发布的两批正面清单（财政部等 11 部门 2016 年第 40 号公告和财政部等 13 个部门 2016 年第 47 号公告）。	财政部等 13 个部委
2018 年 11 月 28 日	关于完善跨境电子商务零售进口监管有关工作的通知	商财发〔2018〕486 号	明确了过渡期后的监管工作安排。对跨境电商零售进口参与主体予以明确（包括:电商企业、平台、境内服务商和消费者）及政府部门应承担的相应法律责任,明确跨境电商零售进口商品按个人自用进境物品监管,不执行有关商品首次进口许可批件.注册或备案要求。	商务部等 6 个部委
2018 年 11 月 29 日	关于完善跨境电子商务零售进口税收政策的通知	财关税〔2018〕49 号	明确跨境电商零售进口商品为个人物品,不得进行再次销售,单次交易限值提升至 5000 元,年度交易限值提升至 26000 元。超过交易限值的按照一般贸易管理。	财政部、海关总署、国家税务总局
2018 年 12 月 3 日	关于做好电商经营者登记工作的意见	国市监注〔2018〕236 号	对电商经营者的登记服务工作提出 7 条意见,明确电商经营者如果申请登记为个体工商户,可将网店作为经营场所进行登记。	市场监管总局
2019 年 10 月 28 日	关于跨境电子商务综试区零售出口企业所得税核定征收有关问题的公告	国税总局公告〔2019〕36 号	从核定征收范围、条件、方式、程序、优惠政策等方面对综试区内跨境电商企业核定征收企业所得税相关事项进行了规定,落实财税〔2018〕103 号文件推出的"无票免税"政策。	国家税务总局

发布时间	文件标题	文号	与跨境电商相关的主要内容	发文机构
2019年12月27日	关于调整扩大跨境电子商务零售进口商品清单的公告	财政部等13部委联合公告〔2019〕96号	公布《跨境电商零售进口商品清单（2019年版）》，清单纳入部分近年来消费需求比较旺盛的商品，增加了冷冻水产品、酒类等92个税目商品。同时对清单备注和尾注中的监管要求进行了规范。此次调整顺应商品消费升级趋势。	财政部等13个部委办
2020年1月17日	关于扩大跨境电子商务零售进口试点的通知	商财发〔2020〕15号	将石家庄等50个城市（地区）和海南全岛纳入跨境电商零售进口试点范围，可开展网购保税（1210）进口业务。	商务部等6部委

表4　海关总署单独发布的与跨境电商相关的政策文件清单

发布时间	文件标题	文号	与跨境电商相关的主要内容
2014年1月24日	关于增列海关监管方式代码的公告	公告〔2014〕26号	增列海关监管方式代码"9610"，适用于境内个人或电商企业通过电商交易平台实现交易，并采用"清单核放、汇总申报"模式办理通关手续的电商零售进出口商品。要求电商企业、监管场所经营企业、支付企业和物流企业应向海关备案，并通过电商通关服务平台实时向电商通关管理平台传送交易、支付、仓储和物流等数据。
2014年7月23日	关于跨境贸易电子商务进出境货物、物品有关监管事宜公告	公告〔2014〕56号	对跨境电商的经营企业、个人、监管场所经营企业、支付、物流企业做出规定。明确三单（《货物清单》《物品清单》与《进出口货物报关单》）信息的格式和法律效力，并对企业注册登记及备案管理，电商进出境货物、物品通关管理，物流监控做出规定，明确海关依据《进出口货物报关单》《物品清单》实施统计。
2014年7月30日	海关总署关于增列海关监管方式代码的公告	公告〔2014〕57号	增列海关监管方式代码"1210"，适用于境内个人或电商企业在经海关认可的电商平台实现跨境交易，并通过海关特殊监管区域或保税监管场所进出的电商零售进出境商品。公告明确"1210"进口仅限开展跨境电商试点城市的海关特殊监管区域。

发布时间	文件标题	文号	与跨境电商相关的主要内容
2016年4月6日	关于跨境电子商务零售进出口商品有关监管事宜的公告	公告〔2016〕26号	公布包括跨境电商企业管理,通关管理,税收征管,物流监控和退货管理等五项管理细则。
2016年5月24日	关于执行跨境电子商务零售进口新的监管要求有关事宜通知	署办发〔2016〕29号	明确跨境电商"4·8新政"过渡期的监管要求。主要包括:试点城市网购保税模式一线入区暂不验核通关单,直购模式暂不执行《清单》中部分商品的首次进口许可证、注册、备案等要求。过渡期为1年。
2016年7月6日	关于明确跨境进口商品完税价格有关问题的通知	税管函〔2016〕73号	明确了跨境电商零售进口中完税价格的认定原则,对优惠促销价格的认定原则,以及对运费、保险费的认定原则。
2016年10月12日	关于跨境电子商务进口统一版信息化系统企业接入事宜公告	公告〔2016〕57号	跨境电商进口统一版信息系统正式上线,并公开企业对接报文标准,明确企业对于其向海关所申报及传输的电子数据承担法律责任。
2016年12月	海关总署关于增列海关监管方式代码的公告	公告〔2016〕75号	增列海关监管方式代码"1239",简称"保税电商A"。适用于境内电商企业通过海关特殊监管区域或保税物流中心(B型)一线进境的跨境电子商务零售进口商品。公告明确天津、上海、杭州、宁波、福州、平潭、郑州、广州、深圳、重庆等10个城市开展跨境电子商务零售进口业务暂不适用"1239"监管方式。
2018年4月13日	关于规范跨境电子商务支付企业登记管理	公告〔2018〕27号	明确跨境支付企业办理注册登记或信息登记手续时需要提交的材料。
2018年5月29日	关于全面取消《入/出境货物通关单》有关事项的公告	公告〔2018〕50号	适应关检业务融合,优化口岸营商环境。

发布时间	文件标题	文号	与跨境电商相关的主要内容
2018年9月4日	关于修订跨境电子商务统一版信息化系统企业接入报文规范的公告	公告〔2018〕113号	适应关检融合后业务变化需要,修改报文规范。
2018年11月8日	关于启用进出境邮递物品信息化管理系统有关事宜的公告	公告〔2018〕164号	进出境邮递物品信息化管理系统上线。明确面单传输信息包括收寄件人名称,收寄国家(地区)及具体地址,内件品名、数量、重量、价格(含币种)等,并明确进出境邮递物品所有人承担申报责任,邮政企业负责传输。
2018年11月8日	关于实时获取跨境电子商务平台企业支付相关原始数据有关事宜的公告	公告〔2018〕165号	规定从事跨境电商零售进口业务的跨境电商平台企业应向海关开放支付相关原始数据,供海关验核。开放数据包括订单号、商品名称、交易金额、币制、收款人相关信息、商品展示链接地址、支付交易流水号、验核机构、交易成功时间以及海关认为必要的其他数据。
2018年12月10日	关于跨境电子商务零售进出口商品有关监管事宜的公告	公告〔2018〕194号	适应关检融合后业务变化需要,明确企业管理、通关管理、税收征管、场所管理、检疫查验和物流管理,退货管理,以及数据传输、产品质量等多项管理细则。其中,企业资质管理中明确直购物流企业应为邮政企业或者已向海关办理代理报关登记手续的进出境快件运营人的企业;监管作业场所应按照快递类或者邮递类海关监管作业场所规范设置。
2018年12月29日	关于跨境电商企业海关注册登记管理有关事宜的公告	公告〔2018〕219号	明确跨境电商支付企业、物流企业应按海关总署2018年第194号公告的规定取得相关资质证书,并按照主管部门相关规定,在办理海关注册登记手续时提交相关资质证书。
2019年12月26日	关于邮快件包裹列入统计有关事项的通知	统计函〔2019〕87号	2019年1月起,将进出境邮件及B类快件中的跨境电商包裹列入海关贸易统计,增列监管方式代码"8639"。

表 5　部分跨境电商综试区出台的相关政策

综试区	发文时间	文件标题	主要内容
杭州综试区	2016 年 1 月 18 日	中国（杭州）跨境电子商务试验区发展规划	《规划》明确了杭州综试区建设的总体思路、主要任务、空间布局和发展导向以及保障措施。《规划》明确提出建设跨境电商创业创新中心、跨境电商服务中心和跨境电商大数据中心等"三大中心"建设目标。以及建设"单一窗口"，创新监管制度，建立统计监测体系，制定跨境电商规则，创新信用管理机制，建立风险防控体系等六项任务。《规划》明确，要推动杭州综试区成为外贸稳增长与促转型的新动力，为全国跨境电商发展形成一套成熟、可复制、可推广的经验。
	2016 年 12 月 19 日	杭州市人民政府关于加快跨境电子商务发展的实施意见	《意见》从鼓励跨境电商的主体培育、品牌培育、人才引进与培养、园区建设、仓储物流建设、金融体系建设、"单一窗口"平台建设等方面的资金扶持标准，使用方法做出了明确规定。《意见》的出台，恰是《规划》实施将近一年的时机，有力地支持了杭州综试区的各项建设。
	2017 年 3 月 1 日	杭州市跨境电子商务促进条例	《条例》共分七章四十五条，包括：总则、管理体制、发展规划、平台服务和体系建设、促进措施、环境营造和制度支持，以及附则。《条例》对杭州综试区的范围、管理体制及相关职责，平台建设要求等均做出了明确规定，为杭州综试区发展提供了制度保障。
	2019 年 10 月 31 日	杭州市人民政府关于加快推进跨境电子商务发展的实施意见	《实施意见》是在杭政函〔2016〕188 号文的基础上修订而成。主要从跨境电商的主体培育、品牌培育、人才引进与培养、园区建设、仓储物流建设、公共服务建设等方面，结合形势的变化，提出明确具体和有现实操作性的鼓励扶持措施。
广州	2016 年 1 月 28 日	广东电子商务中长期发展规划纲要（2016—2025）	《纲要》提出到 2025 年广东省跨境电商交易额年均增长 20% 以上，保持全国领先。大力支持跨境电商综合试验区建设，加快构建电商信息共享、金融服务、智能物流、电商信用、统计监测、风险防控等一体化、综合化的创新服务体系。实施"互联网＋外贸"的战略，鼓励有实力的企业布局境外销售网络和服务机构，以跨境电商加快培育广东自主品牌，争取外贸渠道主导权。

综试区	发文时间	文件标题	主要内容
广州	2016年4月8日	广东省人民政府办公厅关于促进跨境电子商务健康发展的实施意见	《意见》明确了广东省促进跨境电商健康发展的目标。从壮大跨境电商经营主体,培育跨境电商新优势,完善跨境电商监管体制,优化跨境电商发展环境和各项保障措施等方面提出十八条措施。
	2016年5月11日	中国(广州)跨境电子商务综合试验区实施方案	《实施方案》明确了广州综试区的发展目标是建设全国跨境电商中心城市和发展高地。提出了六项任务,分别是:打造参与"一带一路"建设服务平台,构建粤港澳跨境电子商务合作平台,建设跨境电商聚集区,支持外贸企业转型升级,优化跨境电商产业链,加快线上线下融合发展。《实施方案》还提出了十一个方面的具体举措,分别是:推进国际贸易"单一窗口"建设,创新通关监管模式,创新检验检疫流程,创新金融服务,加快跨境电商物流发展,推动海外仓建设,完善财税政策,完善质量与信用保障体系,加强人才培育,强化服务保障体系,做好统计监测。
	2016年5月11日	关于印发大力发展电子商务加快培育经济新动力实施方案的通知	《意见》要求从五个方面优化电商发展环境,分别是:降低市场准入门槛,实施合理降税减负,维护市场公平竞争,完善网络基础设施建设,完善物流基础设施建设。以及推动电商转型升级,促进就业创业,提升电商对外合作水平,构建电商安全保障防线,完善电商支撑体系等方面的相关措施。在跨境电商方面提到,实施"一点备案、全关通用",对商品出入境实施全申报管理。依托"智检口岸"建立跨境电子商务质量追溯体系,推动跨境电子商务第三方采信制度建设。
郑州	2016年5月16日	郑州市电子商务发展规划(2014—2020年)	《发展规划》明确了跨境电商的主要任务与重点工程,包括:培育跨境电子商务产业链,营造中部电子商务集聚效应,重构支柱产业核心竞争力,发展电子商务配套服务业,创新电子商务公共服务体系,建立统计指标体系。同时针对郑州市电子商务发展特点及国内外电子商务发展趋势,从产业培育、应用促进、支撑体系及政策环境四个方面,部署"4322"工程。包括:发展四大产业中心,提升三大优势领域,建设两大支撑体系,开展两大政策试点。并从产业空间布局上提出一港、多园区建设要求和保障措施要求。

综试区	发文时间	文件标题	主要内容
郑州	2016 年 5 月 3 日	中国（郑州）跨境电子商务综合试验区建设实施方案	《实施方案》明确了郑州综试区的功能定位是建设进出口商品集疏交易示范区、对外贸易转型升级试验区、监管服务模式创新探索区、内外贸融合发展实验区。明确了郑州综试区建设的三个平台和七个体系，即：建设"单一窗口"综合服务平台、建设"综合园区"发展平台、建设人才培养和企业孵化平台、建设跨境电子商务信息共享体系、建设跨境电子商务金融服务体系、建设跨境电子商务智能物流体系、建设跨境电子商务信用管理体系、建设跨境电子商务质量安全体系、建设跨境电子商务统计监测体系和建设跨境电子商务风险防控体系。
	2016 年 6 月 16 日	中国（郑州）跨境电子商务综合试验区建设工作行动计划（2016—2018 年）的通知	《行动计划》明确以 B2B 模式为发展重点，以四港联动多式联运的国际物流体系和各类功能性口岸为支撑，以金融、商贸、会展等现代服务业为依托，以制度创新为引领，通过综合试验，培育完善的跨境电子商务产业体系，实现扩大出口、做强进口、促进产业转型升级。全力打造全球网购商品集疏分拨中心、跨境电子商务创业创新中心、跨境电子商务大数据服务中心和跨境电子商务带动产业转型发展新高地的"三中心一高地"。
	2018 年 7 月 5 日	郑州市人民政府关于加快推进跨境电子商务发展的实施意见	《实施意见》主要内容包括七个方面二十三项条款。分别是：支持企业跨境电子商务应用，完善跨境电子商务服务体系，加快跨境电子商务物流建设，发展跨境电子商务经营主体，鼓励跨境电子商务人才培养及其他和附则。《实施意见》对郑州综试区建设推进过程中的各项扶持措施进行了进一步的细化和明确，针对性和实操性很强。
重庆	2016 年 7 月 29 日	中国（重庆）跨境电子商务综合试验区实施方案	《实施方案》明确了重庆综试区的发展目标是构建物流仓储、检测认证、支付结算等全方位的跨境电商发展生态体系；构建形成服务监管、信息共享、智能物流、信用保障、风险防控、统计监测等适应跨境电商发展的体制机制；加快推进跨境电商与战略性新兴制造业和新兴服务业协调发展，基本建成具有内陆特色的跨境电商综合试验区。 　　《实施方案》明确重庆综试区的主要任务包括：建设国际贸易、跨境电商"单一窗口"，创新海关监管服务。优化跨境电商进出口申报、核放、纳税等通关作业流程，简化跨境电商出口商品归类申报，创新检验检疫监管服务，创新外汇收付和结汇管理服务，优化税收管理服务，培育集聚跨境电商经营主体，推动电商领域信用建设，

综试区	发文时间	文件标题	主要内容
重庆	2016 年7 月 29 日	中国（重庆）跨境电子商务综合试验区实施方案	完善仓储物流服务,推动传统外贸企业转型升级,培育跨境电子商务产业聚集区,打造跨境电子商务服务业示范基地,培育跨境电商新业态,建设境外营销体系,提升口岸服务水平,促进大数据开发应用,建立跨境电商统计监测制度,完善风险防范机制,探索建立商品售后保障体系,加强行业自律和合作。
	2017 年8 月 17 日	重庆市创新跨境电子商务监管服务工作方案	《方案》明确了重庆市跨境电商监管服务的主要工作内容,包括:加快创新跨境电子商务监管模式。如:创新数据直通模式,出区通关模式,联合查验模式,操作流程模式,风险监管模式。形成服务跨境电子商务发展合力,如:强化资源平台整合力度,强化技术环境运维保障,强化企业信用管理实效,强化风险防控联动机制。
	2018 年11 月 26 日	重庆市进一步加强跨境电子商务发展工作方案	《方案》提出十项重点工作,包括:对接争取商务部等国家部委支持;打造跨境电子商务销售分拨中心;加快推进跨境电子商务综合试验区零售出口货物"无票免征"政策落地;优化 B2B 出口监管流程;争取跨境电子商务 B2C 进口线下快速配送业务试点;争取跨境电子商务宠物食品进口试点政策;实现跨境电子商务零售进口监管精准服务。细化跨境电子商务货物进口入区"理货、报关、改单、转区、出区、退货"等环节全流程操作指南;建设重庆跨境贸易电子商务公共服务平台辅助数据库;提升重庆跨境贸易电子商务公共服务平台运维质量;营造行业发展的良好氛围。